Vendredi 13

MATTHIEU SUC

Vendredi 13

Récit

Harper
Collins

HARPERCOLLINS FRANCE
83-85, boulevard Vincent-Auriol, 75646 PARIS CEDEX 13
Tél. : 01 42 16 63 63

www.harpercollins.fr

ISBN 979-1-0339-1553-9

« J'ai pensé à cette phrase de Shakespeare : "L'enfer est vide, tous les démons sont ici." »

Amandine, blessée au Bataclan.

PREMIÈRE PARTIE

Et la Ville lumière bascula dans les ténèbres

I

19 h 15. Fabrice[1] est un analyste de la chose djihadiste au sein de la DGSI mais pas ce soir. Ce soir, Fabrice mange une pizza sur le trottoir du boulevard Voltaire. Ce soir, Fabrice est ce Breton installé dans le 13e arrondissement qui sort avec sa compagne, enceinte de trois mois de leur premier enfant.

Ce soir, Fabrice n'est pas ce capitaine de police travaillant à l'état-major de la sous-direction T, celle dédiée au terrorisme. Ce soir, Fabrice va tâcher d'oublier le porte-parole de l'État islamique et son charmant « Si vous pouvez tuer un incroyant américain ou européen, en particulier les méchants et sales Français, alors comptez sur Allah et tuez-le de n'importe quelle manière ! » Ce soir, Fabrice va tenter de repousser dans les limbes les frères Kouachi et Amedy Coulibaly, le zozo de Saint-Quentin-Fallavier, l'étudiant tueur de Villejuif, le faux touriste du Thalys et le *staccato* des attentats. Tous les deux mois un déjoué, échoué ou réussi. Tous les deux mois un déjoué, échoué ou réussi. Tous les deux mois… Comme une macabre ritournelle. « Chaque jour sans attentat, c'est un jour de gagné », aime à répéter un commissaire de la DGSI. Et, là, cela fait près de trois mois qu'il n'y a pas eu d'attaque.

Alors, ce soir, Fabrice va s'amuser. Il porte son blouson Superdry. Seul ou presque sur cette portion de trottoir. Il est encore tôt.

1. Le prénom a été modifié, ainsi que celui de sa femme et de l'ami qui les accompagnait.

Plus tard, une foule à dominante tatouée s'agglutinera, prête à chavirer sous les charmes offerts par la nuit parisienne. Pour être exact, à cet endroit-là du 11e arrondissement, la nuit est parisienne mais le charme sera américain. Venu de Californie.

Dans l'après-midi, Julien est passé voir Fabrice au troisième étage d'un immeuble de verre et d'acier à Levallois-Perret. Les deux hommes ont grandi dans le même village en périphérie de Rennes, ont rejoint l'un et l'autre la police et ont fini par se retrouver à la DGSI. Pas au même étage, pas au même grade. Julien est commissaire, il est le premier chef de l'Allât, la cellule créée après les attentats de janvier avec l'idée de réunir les différents services de renseignement français dans la même pièce avec l'ambition, folle, qu'ils se parlent. L'Allât est opérationnelle depuis la mi-juin.

— Qu'est-ce que tu fais ce week-end ?

— Ce soir, je vais à un concert, les Eagles of Death Metal.

— Je ne connais pas.

— Je ne connais pas non plus…

La femme de Fabrice est plutôt branchée *soul music*, leur dernier concert, c'était Beyoncé. Mais le capitaine de la DGSI a pris des places sur un coup de tête, parce qu'il a entendu dire que le groupe est sympa.

Les copains d'enfance échangent quelques banalités et s'en retournent à leurs occupations, ayant trait pour l'un comme pour l'autre au terrorisme djihadiste. Forcément.

Puis Fabrice a retrouvé Émilie, son amoureuse tout de noir et de gris vêtue. Elle est venue du salon de coiffure où elle travaille. Elle est belle, il est beau, ils se sont pacsés il y a un mois en prévision des responsabilités qui les attendent. Fabrice vient d'apprendre sa mutation tant espérée en province. D'ici à deux mois, ils quitteront la région parisienne.

Gaspard, un ami, les retrouve boulevard Voltaire. Un quatrième devait se joindre à eux mais il est en Chine, alors

Fabrice a refilé sa place moyennant dix euros à un revendeur à la sauvette d'origine indienne. Pour l'instant, Paris tient debout, et Fabrice est tout à son bonheur. Il ingurgite sa pizza puis entre dans le Bataclan.

II

21 h 20. Le couloir gauche bouché par deux Allemands, Patrice Évra s'apprête à redonner d'une passe en retrait le ballon au défenseur central quand la seconde explosion retentit. Le latéral de l'équipe de France relève la tête et adresse un regard interloqué en direction des gradins, à l'arrière des buts adverses.

L'explication de ce qui vient de troubler le joueur de foot se trouve en réalité à l'extérieur de l'enceinte du Stade de France. Un homme revêtu d'un haut de survêtement aux couleurs du Bayern de Munich, enveloppé dans un drapeau allemand, a actionné la bombe qu'il portait sur lui alors qu'un innocent supporter courait dans sa direction – il se dépêchait en fait de rejoindre le stade. Le supporter est grièvement blessé ; l'avenue Jules-Rimet et la rue du Mondial-1998 sont jonchées des restes de l'engin explosif (fils électriques, cordelettes, etc.) et de morceaux de chair humaine ; les baies vitrées des magasins Decathlon et Leroy Merlin sont criblées d'impacts d'écrous.

Quatre minutes plus tôt, une première explosion avait retenti. Déjà, un individu emmitouflé dans un drapeau allemand s'était fait sauter, tuant avec lui un chauffeur d'autocar venu de Reims qui se trouvait au comptoir d'une buvette.

Dans les tribunes, Philippe Boutinaud, le général à la tête de la brigade de sapeurs-pompiers de Paris, a pensé à un pétard agricole. Il va pour sortir de l'enceinte sportive quand survient la seconde explosion, celle qui fait tiquer Patrice Évra.

Les abords du Stade de France sont déserts. Le téléphone du général se met à carillonner, on signale une fusillade dans un restaurant à Paris. Tandis qu'il demande à l'opérateur des pompiers qu'il a en ligne s'il s'agit d'un règlement de comptes entre bandes rivales, Philippe Boutinaud se retrouve nez à nez avec une jambe sur le trottoir. Il tourne la tête vers la gauche et découvre le reste du corps, cisaillé en deux. Des fils électriques sortent du T-shirt. Au bout du fil, l'opérateur lui répond que, a priori, des hommes ont ouvert le feu à la kalachnikov sur des gens qui mangeaient en terrasse.

Des policiers surgissent et interpellent Philippe Boutinaud.

— Je suis le général commandant des pompiers de Paris !

— Vous avez un document qui l'atteste ?

Un officier des sapeurs-pompiers arrive et leur explique. Le général fait installer un poste médical avancé dans un restaurant et recommande que les policiers instaurent autour un périmètre de sécurité. Son téléphone n'arrête plus de sonner.

Douze heures plus tôt, ses pompiers, le Samu et les hôpitaux franciliens menaient un exercice dit de « régulation zonale ». Durant la matinée, les uns et les autres s'étaient entraînés – à l'aide de téléphones, de tableaux, de cartes – à répartir les blessés graves à la suite d'un attentat multisite. Le scénario retenu portait sur 66 morts et une centaine de blessés. Pierre Carli, le directeur médical du Samu de Paris, racontera que certains participants jugeaient alors le scénario exagéré.

L'idée de cet exercice vient du général Boutinaud. Il l'avait proposé au professeur Carli quelques semaines plus tôt en prenant pour exemple les attentats de Bombay, une série de dix attaques à travers la ville indienne au cours de laquelle un commando de djihadistes avait tué 188 personnes durant trois jours en 2008.

« J'ai eu un an pour me préparer à diriger la BSPP, expliquera le général Boutinaud qui avait été nommé en août 2015 à la tête des sapeurs-pompiers parisiens. La nuit, vous vous dites : "Je vais bientôt commander 8 500 hommes. C'est quoi l'enjeu ?" Vous pratiquez ce qu'on appelle l'analyse de risque. Et puisque vous serez censé faire face au plus difficile, vous prenez le scénario qui est le plus dimensionnant. En l'espèce, en termes de difficultés pour les secours, c'était celui des attentats de Bombay. »

Dans la semaine suivant ce vendredi 13, d'autres exercices devaient avoir lieu. L'un d'eux s'appelait : « Sécurité lorsqu'on est sur les sites de fusillade. »

III

21 h 24. Au moment de l'explosion qui perturbe Patrice Évra au Stade de France, une Seat Leon de couleur noire s'apprête à semer la mort parmi des convives en train de célébrer la vie, attablés dans des établissements des 10e et 11e arrondissements. À bord de la Seat, trois hommes armés de fusils d'assaut Zastava modèle M70, la version yougoslave de la kalachnikov.

La Seat Leon tourne à droite dans l'avenue Parmentier, emprunte la rue Alibert, effectue une boucle qui l'amène à prendre à son début la rue Bichat et à s'immobiliser face au bar Le Carillon et au restaurant Le Petit Cambodge.

Une intervention de tous les jours, une intervention de vendredi soir. Une caissière fatiguée a glissé dans les allées du Franprix de la rue Alibert. À côté d'un restaurant cambodgien. Christophe, un caporal-chef des sapeurs-pompiers, a ausculté la caissière. Les ligaments croisés. Ses hommes ont transporté la femme en chaise roulante jusqu'à leur véhicule garé en double file de l'autre côté de la rue. Christophe vient d'expliquer au patron de la supérette qu'ils vont emmener son employée à l'hôpital. Le caporal-chef traverse la rue Alibert quand, encore au milieu de la chaussée, il entend « comme des pétards ». Puis le mur voisin de l'hôpital Saint-Louis crépite. Des impacts de balles. Puis le bruit de tables qui tombent, de gens qui crient. Christophe se réfugie derrière le véhicule des pompiers et monte sur le marchepied. Pour que ses jambes ne le trahissent pas.

On est quatre minutes après la seconde explosion au Stade de France, les occupants de la Seat sont descendus de leur véhicule et ont mitraillé les terrasses du Carillon et du Petit Cambodge. Treize morts, tombés sous un déluge de 130 balles.

La Seat Leon redémarre. Au bout de la rue Bichat, elle tourne à droite rue du Faubourg-du-Temple, puis à gauche, rue de la Fontaine-au-Roi. Elle dépasse le bar la Bonne Bière pour s'arrêter devant le restaurant Casa Nostra. La Seat a parcouru à peine 400 mètres depuis son premier carnage.

On est maintenant six minutes après la seconde explosion du Stade de France. Le commando sort de la Seat, le chauffeur a négligé de serrer le frein à main. Aussi la voiture roule jusqu'au trottoir qui arrête sa course molle. Les tueurs se partagent les rôles. Deux d'entre eux font feu sur la terrasse et à l'intérieur de la Bonne Bière. Le troisième tire en direction du Casa Nostra. Une caméra de vidéosurveillance le montre se dirigeant vers l'entrée du restaurant. Sous le flot des balles, les vitres du restaurant se désagrègent. Des clients en terrasse se ruent à l'intérieur. Arrivé devant la porte, le troisième tueur pointe son arme en direction d'une femme allongée au sol mais son fusil d'assaut n'a plus de munitions. Alors l'assassin s'en retourne à la Seat Leon, dans laquelle le chauffeur vient aussi de remonter. La cliente miraculée en profite pour se relever et prendre la fuite dans la rue de la Folie-Méricourt. Cette fois, les terroristes ont tiré à 110 reprises et tué 5 personnes.

Christophe, le caporal-chef des sapeurs-pompiers, passe de la terrasse du Petit Cambodge à celle du Carillon, compte les morts de l'une, les morts de l'autre, les urgences absolues des deux et appelle des renforts. Puis avec ses hommes il s'attelle aux premiers garrots, aux premiers points de compression. Il y a une cinquantaine de personnes à secourir, et ils sont trois. Dans une voiture rue Bichat, une conductrice est criblée de balles, un homme – son mari, imagine le pompier – appelle au secours. Christophe sait qu'elle est en train de mourir, qu'il n'y a rien à faire mais il sort la condamnée et la dépose sur le bitume derrière la voiture. Geste vain. Pour apaiser le vivant, plus que pour soigner la mourante.

La Seat Leon circule de nouveau sur l'avenue Parmentier, traverse la place Léon-Blum, emprunte le boulevard Voltaire, s'arrête à un feu. Passent deux internes en médecine qui se rendent vers un restaurant voisin.

L'un des occupants de la voiture les dévisage.

— Ce soir, l'État islamique est venu vous égorger !

Les internes ne comprennent pas.

— Ce n'est pas une blague !

Le feu passe au vert, la Seat reprend sa route, tourne à droite rue de Charonne, y effectue un demi-tour pour s'arrêter à une dizaine de mètres du bar la Belle Équipe, où une soixantaine de personnes boivent un coup ce soir-là. On est désormais seize minutes après la seconde explosion du Stade de France. Comme à chaque fois au cours de leur périple meurtrier, les trois tueurs descendent de la Seat et font un usage intensif de leurs fusils d'assaut, au moins à 164 reprises. 21 personnes trouvent la mort.

La Seat Leon repart. Avant de fuir la capitale, elle effectue un bref arrêt boulevard Voltaire, le temps de déposer un de ses passagers. L'individu porteur d'une moustache et d'un bouc, vêtu d'un très ordinaire jean et d'un blouson de cuir noir zippé jusqu'au col, pénètre dans la terrasse couverte du Comptoir Voltaire. Il se tient debout au milieu de clients attablés, fait mine de se diriger vers une table libre. Il heurte la serveuse, elle le hèle, il se retourne. Le tueur au blouson de cuir noir lève la main gauche devant ses yeux, tandis que la droite, le long du corps, semble cacher quelque chose dans son poing fermé. Une lumière blanche apparaît dans le dos de l'assassin, qui est projeté vers l'avant et chute sur une table de bar où se trouvent deux clients. Seule la partie dorsale de sa ceinture explosive a détoné, faisant de nombreux blessés mais ne tuant que le terroriste. On est vingt et une minutes après la seconde explosion du Stade de France.

La caissière du Franprix est restée seule, allongée sur un brancard dans le véhicule criblé de balles des pompiers, rue Alibert. Son patron annonce à Christophe qu'il va la prendre en charge. Le caporal-chef accepte. Il y a tellement à faire. Des policiers arrivent. Ils se disposent de façon à protéger le carrefour en forme d'étoile pour éviter le surattentat. Pour aussi protéger la scène de crime, les douilles de 7,62 et les chargeurs de kalachnikovs qui jonchent le sol

21 h 42. Une minute après que le tueur au blouson de cuir noir s'est fait sauter Comptoir Voltaire, trois hommes sortent de leur Volkswagen Polo garée sur ce même boulevard Voltaire. L'un d'eux envoie un texto à un correspondant en Belgique.

C'est parti, on commence.

Puis il jette son portable dans une poubelle. Avec ses deux complices, il se précipite vers le Bataclan.

IV

21 h 41. Le véhicule sérigraphié patiente à l'angle du boulevard Voltaire, place de la Nation, phares éteints. Un équipage de la brigade anticriminalité du Val-de-Marne (BAC-94) attend les terroristes.

Quand un message radio a indiqué une première explosion au Stade de France, le véhicule patrouillait au niveau d'Ivry. Tony, le chef de bord, se dit que la nuit va être longue. Il décide de rentrer au commissariat de Vincennes manger un morceau en vitesse avant d'aller prêter main-forte aux collègues de Seine-Saint-Denis. Un nouveau message évoque une seconde explosion. Les baqueux accélèrent le mouvement. Ils sont sur le point de s'attabler et maintenant on parle de fusillades en plein Paris. Ils remballent leur frichti et se rendent place de la Nation où semblent se diriger les tueurs des terrasses. Soudain, une explosion. La voiture de la BAC du Val-de-Marne s'engage sur le boulevard Voltaire où des victimes déambulent sur le trottoir et leur font signe de s'arrêter devant le Comptoir Voltaire.

Le chef de bord dispose en protection un de ses deux hommes, fusil à pompe en main sur le boulevard (les policiers ignorent si les terroristes sont encore dans le coin), puis il entre dans le bar. Tony y découvre des blessés légers au niveau du comptoir mais aussi deux femmes enceintes touchées par des éclats. Sous la terrasse couverte, une serveuse à terre, très grièvement blessée et un client qui dispense un massage cardiaque à un autre homme. Une victime explique au policier qu'un individu est entré dans le bar puis il y a eu une explosion. Tony retourne sur la terrasse, ausculte le sol. Pas de douille mais des boulons, énormément de boulons. Tony ressort passer l'information à la radio : les terroristes emploient aussi des bombes.

V

21 h 44. Le général Philippe Boutinaud s'est fait conduire à toute allure à la caserne Champerret, dans le 18ᵉ arrondissement, là où se trouve l'état-major des pompiers de Paris. On échange avec le PC sécurité du Stade de France où le président de la République, qui assiste au match, a rejoint le préfet de Seine-Saint-Denis.

L'évacuation du stade est envisagée à la mi-temps sur le point d'être sifflée. Au bout du fil, le général Boutinaud demande de ne pas arrêter le match, ça permet de gagner quarante-cinq minutes. Les deux kamikazes se sont fait sauter à l'extérieur. Pas à l'intérieur. Dans le stade, les supporters sont en sécurité.

Depuis le PC qui est vitré, François Hollande regarde la foule à l'intérieur du stade, heureuse, paisible ; il dit :

— On fait ce que demandent les pompiers.

Le préfet de Seine-Saint-Denis répercute l'ordre :

— Personne ne sort !

Une ligne de barrières Vauban est tirée sur le parvis, les portes et les escaliers sont fermés. 72 000 personnes sont murées à l'intérieur du Stade de France.

À la mi-temps, les animations se déroulent suivant le programme prévu, comme si de rien n'était. Aucun message n'est diffusé pour alerter de la tragédie en cours. Afin d'éviter tout mouvement de foule. Et ça marche. Malgré les réseaux sociaux, les alertes sur les téléphones, le public réagit peu. Seule une centaine de spectateurs cherche à s'en aller et trouve portes closes.

« Les gens venaient regarder, racontera Christophe Bionne, le directeur de la sécurité et de la sûreté du Consortium Stade de France. Mais ils ne voyaient rien parce que, même si les explosions ont vidé la rue, il n'y a eu ni départ de feu, ni véhicule retourné, ni fumée. Les gens n'ont pas réellement vu qu'il se passait quelque chose. » À ceux qui demandent des explications, les vigiles répondent que ce n'est pas possible en raison d'un incident technique. Un mensonge en toute bonne foi. Les agents de sécurité ne sont pas informés de ce qui se passe.

Le match a repris. Il suit son cours. La France mène 1-0.

Dix minutes plus tard, une troisième salve. L'œuvre d'un faux supporter vêtu d'un jogging blanc et rose. Le terroriste a déclenché la mise à feu de son gilet à proximité du McDonald's devant lequel des gens, à la suite des deux premières explosions, s'étaient regroupés. Pas de mort à déplorer, sinon le kamikaze, mais une cinquantaine de blessés, dont certains évacués en urgence absolue.

Et, à l'intérieur du stade, toujours 72 000 âmes qu'il va bien falloir sortir de là à un moment ou à un autre.

VI

21 h 47. Un riff de guitare. Les premières notes de la chanson *Kiss the Devil* du groupe californien Eagles of Death Metal. Puis la batterie qui résonne plus fort. Du moins, a-t-on l'impression avant de comprendre que ce sont des coups de feu. Tirés en rafale. La musique retentit toujours. Les tirs aussi.

Fabrice, le capitaine de la DGSI, sa compagne et leur ami, après avoir traîné dans la fosse, assistent au concert assis (en raison de la grossesse d'Émilie) au balcon du premier étage. D'où Fabrice perçoit des traits de lumière. L'espace d'un instant, il s'imagine qu'il s'agit de la mise en scène. Puis il voit un homme s'avancer dans la fosse, une arme longue en main. Fabrice reconnaît le bruit caractéristique d'une arme automatique, pense à un règlement de comptes. Il dit à sa femme de se baisser. Émilie enlève ses boules Quiès, elle entend les spectateurs hurler.

Ce sont les premiers cris de panique. La musique s'interrompt. Pas les tirs, pas les cris. Les instruments de musique émettent des larsens. Les corps gisants émettent des râles. Les armes de guerre s'interrompent, avant de reprendre leur sinistre mélopée. Au coup par coup. Les assassins achèvent les blessés qui gémissent.

Au bout de quelques minutes, un spectateur peine à comprendre ce à quoi il est confronté :

— Je rêve ou quoi ?!

Les victimes se hèlent, se conseillent, s'implorent.

— Pierre, viens !

— Béa, Béa !

— Anne, reste là !

— S'il te plaît, Flo…

— J'ai peur.

Arnaud est venu depuis l'Eure pour assister au concert. Un spectateur comme un autre. Ou pas tout à fait. Arnaud est commissaire de police.

Ayant repéré une issue de secours, il se lève « pour se rapprocher » à chaque fois que les terroristes rechargent leurs fusils d'assaut. Avec Bérangère, sa compagne, elle aussi commissaire, il se couche quand le massacre s'apprête à recommencer. C'est alors qu'il « prend » une balle. « Je l'ai sentie me traverser et j'ai perdu le contact avec mes jambes. » Le policier sait les dégâts occasionnés par le calibre des munitions de kalachnikov. Il s'adresse à sa femme :

— Je suis cuit.

Après sept minutes sans beaucoup d'interruptions, les trois terroristes ont cessé le feu. Lorsque le commissaire de l'Eure aperçoit un des terroristes au centre de la salle se rapprocher, en souriant, de son complice qui se tient près de l'escalier, il crie, avec d'autres, à l'attention de ses compagnons de malheur

— Ils se barrent, tirez-vous !

S'ensuit un mouvement de foule. « J'ai ordonné à Bérangère de sauver sa peau, on n'a pas eu le temps de se faire nos adieux. »

En train de boire un verre au bar, Kévin, un sapeur-pompier de 27 ans, a vu le premier terroriste entrer dans la salle, sa kalachnikov qui crachait le feu, sa ceinture d'explosifs autour de la taille – « on distinguait bien les pains », dira-t-il. Kévin s'est couché, Kévin a tout de même écopé de deux balles dans la jambe droite. Quand il entend que les assassins sont partis, il se relève tant bien que mal et se dirige à cloche-pied vers la sortie de secours. Une fois dans la rue, il s'effondre et doit ramper pour s'éloigner du danger.

À l'étage, Fabrice dit à sa femme et son ami :

— Il faut y aller !

Il joint le geste à la parole et ouvre la route le long des strapontins. Un habitué du Bataclan indique un couloir au bout duquel il y aurait une porte donnant sur la rue. Le trio emprunte le couloir, se retrouve devant un escalier qu'ils commencent à descendre. Quelqu'un crie :

— Remontez ! Remontez ! Ils sont en bas et ils nous tirent dessus !

La foule ramène Fabrice et Gaspard à l'étage. Pas Émilie qui, bloquée dans l'escalier, les perd de vue.

Au premier, un reflux.

— Ils arrivent, ils arrivent !

Autour de Fabrice, des éclats de plâtre. Le mur s'effrite sous l'impact des balles. Quelqu'un crie :

— Je suis touché…

« Ils avaient l'air de venir de partout », dira Fabrice. Il reprend le couloir, se retrouve de nouveau devant l'escalier en colimaçon, le descend. Fabrice se retourne. Émilie n'est pas derrière lui. Alors à son tour, il crie. Son prénom. La foule apeurée l'entraîne dans son flot vers le rez-de-chaussée. Une porte ouverte sur la rue et la vie. Gaspard le double, sort en courant. Des balles, encore des balles. Fabrice suit son ami. Quand le capitaine de la DGSI s'arrête de courir, il comprend qu'il a laissé derrière lui sa femme enceinte, sa carte de police (restée dans son blouson) et trois assassins…

Les terroristes arpentent désormais le balcon pour réunir les quelques spectateurs qui y sont encore. Ils adressent leurs ordres, parfois contradictoires, aux survivants.

— Lève-toi ou je te tue ! ordonne le terroriste n° 1.

— Je n'y arrive pas, lui répond une femme apeurée.

— Reste calme ! Reste calme ! Tu fais ce que je te dis, je ne vais pas vous tuer.

De son côté, le terroriste n° 3 crie sur une femme un ordre exactement inverse :

— Eh ! Couche-toi ! Couchée ! Couchée ou je tire !

Le terroriste n° 2 demande lui aussi aux victimes de se coucher. Un homme lui répond qu'il ne peut pas. Le terroriste n° 3 s'en mêle :

— Je m'en fous que tu sois handicapé !

Une dizaine de secondes plus tard, un coup de feu est tiré, suivi de cris et de hurlements. Deux autres coups de feu retentissent.

Le terroriste n° 1, un homme très grand, aux cheveux très courts et à la barbe rase, exige qu'un couple retranché entre deux rangées de sièges se lève. L'homme obtempère, ramasse ses effets personnels.

— Pourquoi tu prends tes affaires ? Tu vas mourir…

Puis l'assassin se dirige vers une porte derrière laquelle se sont réfugiés des malheureux dans un couloir exigu. Trois d'entre eux essaient d'échapper à la mort par les fenêtres mais se retrouvent à une dizaine de mètres au-dessus de la rue. L'une des trois perd l'équilibre et se retrouve avec les pieds dans le vide.

— Aidez-moi, je suis enceinte[1] !

À la fenêtre d'à côté, un homme lâche son abri illusoire et vient la secourir avant de reprendre sa place au-dessus du vide.

Quelques instants plus tard, une ombre se penche à la fenêtre et les avertit :

— Descendez de là, sinon je vous tue.

Il les ramène sur le balcon. Ils sont 11, 8 hommes et 3 femmes.

1. Il ne s'agit pas de la compagne du capitaine de la DGSI.

Le terroriste n° 1 les prévient :

— Le premier qui bouge et qui ne fait pas ce que je dis, je lui mets une balle dans la tête. Est-ce que c'est clair ? Vous voulez un exemple ? C'est clair, celui qui essaie de faire le justicier, je le tue. Est-ce que c'est compris ?

Commence alors ce qu'Arnaud, le commissaire l'Eure, va appeler « la deuxième phase du massacre de masse ». De la huitième à la douzième minute de l'attentat, les tueurs commettent des meurtres par intermittence. Depuis le balcon, le terroriste n° 2 a le pied sur le garde-fou.

Il exécute, au coup par coup, les spectateurs dans la fosse. « Il s'amuse à tuer les gens qui sont en bas, dira un premier otage. On assiste au massacre sans pouvoir rien faire. Il disait : "Celui qui bouge je le tue", puis on entendait : "Ha, ha, ha, je t'avais dit de pas bouger !" »

« Ils y prenaient plaisir, comme dans un jeu vidéo », complétera un autre témoin contraint de ces meurtres.

Ces terroristes français passent beaucoup de temps à crier leur haine de la France et de son président qui serait, selon eux, la cause de leur tuerie de masse.

— Pourquoi on fait ça ?! Vous bombardez nos frères en Syrie, en Irak. Pourquoi on est ici, nous ? On est venus jusqu'en Syrie pour vous faire la même chose ! clame le terroriste n° 1.

— C'est des amusements, là, ose dire le terroriste n° 3.

Kalachnikov au poing, les terroristes n°s 1 et 2 jouent les fiers-à-bras, face à leurs victimes désarmées :

— Les soldats français, américains, ils bombardent dans les airs. Nous, on est des hommes, on vous bombarde ici sur terre. On n'a pas besoin d'avion, nous !

Leurs exhortations sont entrecoupées, parfois au milieu d'une phrase, d'un coup de feu venant grossir probablement les rangs des décédés.

— Maintenant, vous pourrez vous en prendre à votre président François Hollande, insiste le terroriste n° 1. Il fait le cow-boy du western à envoyer ses troupes partout dans le monde combattre les musulmans. Aujourd'hui, l'heure de la vengeance a sonné !

Après sa diatribe, il prend à partie un spectateur.

— Qu'est-ce que tu penses de François Hollande ?

— Je ne suis pas français, je suis chilien.

Le terroriste lui laisse la vie sauve[1].

Les assassins reprennent leur imprécation à l'encontre du président de la République tandis qu'en bas le commissaire de l'Eure fait toujours le mort, imaginant que cette simulation n'est qu'un prélude à la réalité qui l'attend. « J'attendais de me vider de mon sang, je n'avais pas espoir de m'en sortir. J'ai alors pensé, comme tous ceux qui ont été blessés, à mes proches, à mes enfants, à mon enterrement. »

La tuerie dure maintenant depuis douze minutes et trente secondes lorsque des coups de feu interrompent la revendication des terroristes.

1. Après l'attentat, David Fritz Goeppinger, le spectateur en question, demandera et obtiendra la nationalité française.

VII

21 h 50. Le premier message radio a la forme d'un aveu d'impuissance.

— A priori, au niveau du 41 boulevard Voltaire, on aurait encore des coups de feu, hein… Donc on a des coups de feu de partout…

Paris est attaqué, des terrasses viennent d'être mitraillées dans les 10e et 11e arrondissements et, de l'autre côté du périphérique, des hommes se sont fait exploser aux abords du Stade de France. Maintenant, c'est au tour du 50 (et non du 41) boulevard Voltaire d'être pris pour cible. Là où se trouve une salle de concert. Trois minutes plus tard, un nouvel appel à l'état-major de la sécurité publique :

— Urgent !!! Des messages courts, s'il vous plaît… Il y a du monde au Bataclan, ça tire à la…

L'homme qui s'exprime à la radio ne termine pas sa phrase, son attention est retenue par autre chose. Guillaume est un commissaire divisionnaire âgé de 43 ans, il est l'adjoint du chef de la BAC-N, la brigade anticriminalité qui opère la nuit dans la capitale. Quand il a entendu les premiers messages à la radio, il s'est précipité avec Grégory, son chauffeur. Il comptait dans un premier temps se rendre au Stade de France.

Arrivé porte de Clignancourt, le commissaire fait arrêter le véhicule banalisé. Cela sature sur les ondes de la police, on signale différentes explosions, différentes fusillades. Guillaume ne sait plus où aller. Il finit par décider de repiquer dans le centre de Paris. Sur la route, au gré des fusillades annoncées sur les ondes, le commissaire et son chauffeur se déroutent.

Guillaume et Grégory arrivent à République, ils empruntent le boulevard Voltaire à toute allure. Le commissaire retire le gyrophare dans l'espoir d'une arrivée plus discrète. Sauf qu'ils roulent trop vite.

— C'est là, hurle le commissaire divisionnaire.

Son chauffeur pile. Le véhicule interrompt sa course folle au niveau d'un car de régie stationné devant la salle de spectacle. Le commissaire et le brigadier de la BAC-N sortent dans leur tenue bleu nuit floquée « Police ». Ils contournent le bus, découvrent un spectacle de verre brisé et de barrières Vauban renversées, trois corps gisant sur le bitume. Une personne, un portable à l'oreille, les supplie de faire vite, des hommes tirent sur la foule.

Ça y est, on y est, songe le commissaire.

Depuis les attentats de janvier 2015, tous les policiers se doutent qu'une nouvelle attaque d'ampleur va survenir. Travaillant de nuit, le gradé de la BAC-N s'imaginait préservé. Alors que depuis l'intérieur de la salle de concert retentit le tac-tac-tac caractéristique d'armes de guerre, Guillaume prend conscience de son erreur.

Grégory et lui pénètrent dans le Bataclan. L'arme au poing, ils progressent dans le hall d'entrée, longent le vestiaire déserté. Soudain, les portes battantes s'ouvrent, déversant une trentaine de spectateurs hurlant. Guillaume voit une femme aux cheveux châtain clair, les larmes aux yeux, entend un homme l'implorer :

— Vite, vite, il y a ma femme à l'intérieur !

Derrière la foule de rescapés, le commissaire de la BAC-N aperçoit à l'intérieur de la salle un homme habillé d'une veste noire, tenant à deux mains une kalachnikov pointée vers le plafond. Accaparé par le spectacle du massacre qu'il vient de perpétrer, il ne remarque pas les deux policiers. Les tueurs ont à ce moment-là cessé le feu.

Les portes battantes se referment. Le commissaire et le brigadier échangent un regard. Le premier dit au second :

— Il faut qu'on y aille…

Deux kilomètres en amont sur le boulevard, Tony apprend que cela canarde aussi un peu plus loin, au Bataclan. « On entendait les tirs à la radio, se souviendra-t-il. Nous nous sommes sentis impuissants parce que nous ne pouvions pas quitter le Comptoir Voltaire où il fallait gérer les victimes. »

Les secours ne tardent pas. D'abord une médecin et une infirmière qui passaient par là, ensuite des sapeurs-pompiers qui prennent en charge les blessés les plus graves. Et même un autre véhicule de police. Mais, pour celui-là, Tony a un doute. Vu l'âge de la voiture, il a du mal à croire qu'elle fait partie du parc automobile de la police. À cette heure de la nuit, de cette nuit, les forces de l'ordre se méfient de tout et de tout le monde. Y compris des collègues. Et pourtant à son bord c'est bien un commissaire du 15e arrondissement qui avec deux de ses hommes a traversé tout Paris pour venir en renfort. Tony lui expose la situation. L'équipement des policiers val-de-marnais est plus lourd que celui des collègues du 15e, aussi le commissaire décide de rester avec ses hommes à assurer la sécurité au Comptoir Voltaire et envoie les baqueux au Bataclan.

Le chef de la compagnie de sécurisation et d'intervention (CSI) de Paris se dirige lui aussi vers la salle de concert lorsqu'avec son adjoint il est alpagué par une personne ressortie du Bataclan grièvement blessée. Les gradés s'en occupent. À une trentaine de mètres de là, l'entrée de la salle est rendue invisible par la nuit. Le chef de la CSI ne voit rien mais il entend le message radio du commissaire de la BAC-N annonçant qu'il va pénétrer dans le Bataclan. « Je n'ai pu m'empêcher de penser qu'il était insensé... », dira le chef de la CSI. « Peut-être que le grade de commissaire fait peser un poids supplémentaire sur mes épaules, jugera plus tard Guillaume. Cela me donne une responsabilité et un devoir d'exemplarité. Si je n'entre pas, personne ne le fera. »

Alors Guillaume et Grégory, le commissaire et son chauffeur qui font équipe ensemble depuis quatre ans, se dirigent vers les portes « avec l'idée qu'on ne les franchirait peut-être jamais au retour », expliquera Guillaume. Dans leurs mains, les pistolets semi-automatiques Sig-Sauer en dotation et leurs deux chargeurs de quinze cartouches de 9 mm. Face à eux, une salle qu'ils ne connaissent pas, un nombre de terroristes qu'ils ignorent, munis d'armes de guerre.

VIII

21 h 51. Un autre équipage de la brigade anticriminalité du Val-de-Marne se trouve déjà au Bataclan. Tandis qu'Alexandre, le chauffeur, sort du coffre les casques de protection et le bouclier balistique, le chef de bord, un brigadier-chef, et un gardien de la paix progressent l'arme à la main en direction du passage Saint-Pierre-Amelot qui longe le flanc de la salle de spectacle, là où se trouvent deux issues de secours et l'entrée des artistes.

Les policiers val-de-marnais n'ont pas aperçu leurs deux collègues de la BAC-N s'engouffrer dans la salle de spectacle où les corps ne dansent plus. Et réciproquement, le commissaire et son chauffeur s'imaginent être seuls à braver la mort.

En même temps qu'il s'engage dans le passage, le brigadier-chef rend compte par radio de ce qu'il voit :

— C'est une scène de guerre… Des personnes sont au sol, blessées ou mortes…

C'est alors qu'il entend une déflagration « tellement forte qu'elle résonne dans nos corps ». Puis c'est le bruit caractéristique d'une kalachnikov. Un tir nourri. Puis quelque trois cents personnes recrachées par les issues de secours. Certaines ensanglantées. Certaines qui hurlent. Certaines qui tombent. Certaines qui font demi-tour pour aider celles à terre. Les deux policiers les escortent. « Je crois que nous prenons une salve de kalachnikov : nous voyons tomber des personnes autour de nous », se souviendra le brigadier-chef qui ne parvient pas à déterminer de quel endroit proviennent les tirs assassins. « Dans un instant pareil, tous nos sens sont à la fois en éveil et perturbés. Nous essayons d'être le plus réactifs et d'analyser la situation, mais le stress amoindrit une partie des réflexes professionnels... »

En plein milieu du boulevard, Alexandre, le chauffeur de l'équipage, fait s'asseoir une douzaine de spectateurs à l'abri derrière son véhicule. Le gardien de la paix pointe son arme de poing en direction du Bataclan ennemi. Il contraint à s'arrêter taxis et voitures de particuliers pour y faire grimper les blessés. Ses collègues sont de retour. Ils sont en train de s'équiper des casques sortis par Alexandre quand ils sont rejoints par l'équipage de Tony qui arrive du Comptoir Voltaire.

IX

21 h 55. Philippe Chadrys est sur le chemin du retour. La journée a été longue. Toutes les journées sont longues depuis le début de l'année. La sous-direction anti-terroriste (SDAT) qu'il dirige depuis un an et demi enquête sur les six attentats survenus depuis un an. Du temps plein pour ses 97 agents. Ce matin-là, ses gars traquaient des complices des tueurs de *Charlie Hebdo* et de l'HyperCacher, cherchaient à savoir comment le djihadiste qui avait feu en août dans le Thalys s'était procuré ses armes. La charge de travail était extrêmement lourde, dans quelques instants, cela va être pire.

Le commissaire divisionnaire SI 562 est chez lui depuis une demi-heure. En famille. Pas devant la télé. N'étant pas un fan de foot, il ignore qu'il y a un match de l'équipe de France. SI 562 chapeaute la section terrorisme islamique à J, la sous-direction chargée des enquêtes judiciaires au sein de la DGSI. Un coup de fil de son supérieur. Des coups de feu à Saint-Denis. Deux minutes passent. Son chef le rappelle. Non, en fait des explosions. Et puis des tirs dans Paris.

À sept mille kilomètres de là, un diplomate de carrière reconverti en maître espion doit faire preuve de diplomatie. En visite confidentielle au Cameroun, Bernard Bajolet, le patron de la DGSE, fausse compagnie au président Paul Biya et à Léopold Maxime Eko Eko, son homologue des services secrets camerounais. L'ancien ambassadeur en Afghanistan et en Irak va sécher la balade prévue le lendemain en son honneur sur le fleuve la Sanaga. Dans l'avion qui le ramène à Paris, Bernard Bajolet apprend qu'un conseil de défense l'attend à l'Élysée.

Dans sa voiture, le téléphone de Philippe Chadrys n'arrête plus de carillonner. Le taulier de la sous-direction anti-terroriste ne rentrera jamais chez lui. Son véhicule fait demi-tour et reprend la route de Levallois-Perret, dans les Hauts-de-Seine, là où se trouve le siège conjoint de la SDAT et de la DGSI.

Le commissaire SI 562 embrasse sa femme, ses enfants. « Le peu d'informations que j'ai à cet instant-là laisse penser qu'on est confrontés à une attaque d'une ampleur sans commune mesure avec les précédentes. Il y a des attaques simultanées en différents endroits de la région parisienne, cela laisse augurer du pire. »

Dans la rue qui amène à leur immeuble sécurisé à Levallois-Perret, les agents de la DGSI et de la SDAT courent pour rejoindre au plus vite leurs services.

X

21 h 57. Le commissaire de la BAC-N et son chauffeur poussent avec précaution les portes battantes du Bataclan. Ils sont aveuglés par l'éclat des spots, au-dessus de la scène. Un halo blanc recouvre la salle de spectacle habitée par un silence de cathédrale qui fait contraste avec le chaos qui y régnait quelques instants plus tôt. Dans l'air, une odeur de poudre se mélange à celle du sang. Par terre, des corps, « un tapis de corps » enchevêtrés, mélangés. Et aucun de ces corps ne bouge, n'émet un son.

Le commissaire adresse un dernier message à l'état-major :

— Je suis dans le Bataclan, plusieurs dizaines de morts. Individus retranchés à l'étage certainement, qui font toujours feu, hein… On est à deux, on peut difficilement progresser.

Puis il coupe sa radio pour ne pas dévoiler sa présence. Les policiers s'en vont vers la gauche en direction du bar quand Guillaume chuchote à Grégory :

— Kalach…

Vient d'apparaître sur la scène un homme, crâne rasé, vêtu d'un haut noir, armé d'un fusil d'assaut. Le terroriste n° 3. Il met en joue un jeune homme qui a les mains sur la tête.

Juste avant, un de ses complices assassins a désigné depuis le balcon un spectateur :

— C'est lui qui a commencé à nous insulter.

Ça fait réagir le tueur sur scène :

— Il a fait quoi ? Il a fait quoi ?!

Le malheureux braqué par le terroriste n° 3 a tenté de tempérer leurs ardeurs :

— Calmez-vous...

— Tu as fait quoi ? a surenchéri le terroriste au crâne rasé, qui maintenant intime l'ordre au spectateur mains sur la tête de se mettre à terre.

Le tueur pointe son arme longue en direction de l'homme allongé.

Il va l'abattre.

Guillaume s'est rapproché jusqu'à la rambarde délimitant l'espace entre la fosse et le bar. Il s'appuie dessus, prend sa visée « comme à un stand de tir ». Le terroriste, sous la lumière des spots, se trouve à une vingtaine de mètres, alors le commissaire cible le torse plutôt que la tête.

Le tueur finit par repérer l'un des deux policiers.

— Casse-toi ! Casse-toi, enfoiré !

Les policiers engagent le feu. Le commissaire tire à quatre reprises, le brigadier deux fois.

Un membre des forces de l'ordre doit faire trois séances de tir par an, au cours desquelles il va tirer deux chargeurs, donc trente cartouches. C'est réglementaire. À la Bac-N, Guillaume et Grégory bénéficient de créneaux de tir réservés la nuit. En 2015, ils en sont déjà à une dizaine de séances. Ils connaissent bien leurs armes et ont pris le temps de viser. Ils sont en confiance. Ils font mouche.

Sur scène, le terroriste au crâne rasé pousse un râle et s'effondre sur le dos. Depuis le balcon, un autre tueur s'étonne :

— Ils tirent...

Sur scène, le terroriste blessé relève la tête. Les deux policiers se dépêchent de recharger leurs armes quand une explosion retentit avec « des crépitements et une pluie de confettis » qui s'avéreront être des morceaux de chair humaine projetés sur les murs et au plafond. Les plumes d'une doudoune volettent jusqu'au balcon. Le terroriste au crâne rasé a actionné sa ceinture explosive.

XI

22 heures. Les hommes du groupe d'astreinte au sein de la brigade de recherche et d'intervention (BRI) empruntent les marches au lino noir pour rejoindre le quatrième étage qui leur est dévolu, sous les toits du 36 quai des Orfèvres. Ils récupèrent des boucliers et se préparent à repartir. Christophe Molmy, leur patron, est là aussi. Il a été averti des explosions au Stade de France par un SMS de journaliste. Le commissaire, âgé alors de 46 ans, contacte sa hiérarchie qui lui demande de se rendre rue de Charonne.

Au même moment, TI 52 Alpha, l'indicatif de Guillaume, le commissaire de la BAC-N, émet un nouveau message à l'attention de l'état-major de la sécurité publique :

— Un terroriste abattu sur le Bataclan. A priori, ils ont fait péter une bombe également, hein ! On continue à progresser.

Sur scène, la batterie est mouchetée de sang, les enceintes crevées et une tête au crâne rasé repose à même le sol.

Les deux assassins survivants psalmodient :

— Allahû akbar, Abou Qital !

Abou Qital correspond à la *kounya* (le nom de guerre) que le terroriste au crâne rasé s'était choisie en Syrie. Puis, à l'adresse des deux policiers :

— On a des otages. Si vous voulez mourir, si vous voulez qu'ils meurent, continuez !

Les deux fonctionnaires battent en retraite sous une pluie de plomb. Les terroristes nos 1 et 2 en profitent pour faire se relever leurs otages et les dirigent vers une porte derrière laquelle se trouve un couloir de huit mètres cinquante de long et d'un mètre trente-cinq de large.

— Dépêche ! À la queue leu leu… Vite !

Une fois les otages enfermés, le terroriste n° 2, plus petit que n° 1 – « sec avec plus de cheveux et plus de barbe » – dispose deux femmes et un homme derrière la porte qu'il vient de fermer, six otages devant les fenêtres et le reste devant la cage d'escalier. Il ordonne à ceux face aux fenêtres de commenter ce qu'ils voient. Il veut savoir où en est la progression des policiers arrivés en renfort. À intervalles réguliers, le petit terroriste s'intercale entre ses boucliers humains et lâche une rafale de kalachnikov par une fenêtre. Puis il quitte le couloir et se dirige vers l'escalier.

Fabrice, le capitaine de la DGSI, et Gaspard, son ami, patientent dans un renfoncement dans le passage Saint-Pierre-Amelot, à proximité de la sortie de secours du Bataclan, sur le trottoir d'en face. De leur poste d'observation, ils ont vu un homme traîner sur le bitume un blessé vêtu de rouge. Ils ont vu les hommes et la femme enceinte suspendus aux fenêtres du premier étage. Ils ont entendu une détonation plus forte que les autres suivie d'une lumière vive et d'une déflagration. Ils l'ignorent mais il s'agit du kamikaze sur scène.

Leurs compagnons d'infortune ont quitté le renforcement pour aller se réfugier dans des immeubles alentour. Gaspard les suivrait bien mais Fabrice refuse. Il attend qu'Émilie sorte du Bataclan. Il veut retourner chercher sa femme enceinte dans la salle de concert où s'entendent toujours des coups de feu. Gaspard parvient à l'en dissuader, avec la plus extrême difficulté.

Fabrice a appelé son service pour les alerter des attentats.

— Oui, oui, on est au courant. On est débordé, on gère.

Il essaie d'appeler son supérieur hiérarchique sur son portable mais le réseau est capricieux. Maintenant il parvient à prévenir un autre collègue de l'état-major. Il l'informe de la situation en général et de sa détresse en particulier. Fabrice s'interdit d'appeler Émilie de peur que le bruit de l'appel ne la désigne aux tueurs.

Où peut-elle bien être ?

Émilie est à une quinzaine de mètres de son compagnon. Dans un local technique, à l'intérieur du Bataclan. Avec une dizaine d'autres personnes. Quand elle a été séparée de Fabrice et de Gaspard, elle a suivi un employé en train d'ouvrir une porte. L'homme a dit de faire attention car tout est électrique là-dedans. Ils sont entrés, ont refermé derrière eux et éteint la lumière.

— Je suis enceinte…

— Assieds-toi dans le fond.

Le hasard va faire qu'elle se trouve auprès d'une autre femme enceinte, celle qui était un peu plus tôt suspendue dans le vide au-dessus du passage Amelot. Dans ce local, c'est une étuve. Une étuve silencieuse. Un homme allongé sous des câbles pianote des messages sur son téléphone. On lui chuchote d'arrêter. C'est au tour du portable dans le sac d'Émilie de vibrer, sa mère. « Le silence est tellement fort, j'avais l'impression qu'on n'entendait que cela, la vibration. » La coiffeuse ne répond pas. Depuis personne ne dit mot. Seuls résonnent les coups de feu. Émilie se demande si le père de son futur enfant est encore en vie.

Dans la fosse, Arnaud, le commissaire de l'Eure, n'a pas vu ses collègues faire feu sur l'assassin sur scène. Quand il a entendu le bruit de la ceinture explosive, il s'est imaginé que les terroristes leur envoyaient des grenades. Alors, ne supportant pas l'idée de mourir éventré dans l'hypothèse où il serait touché par une grenade, Arnaud finit par tenter une sortie. En rampant.

Sur le chemin, il croise un autre blessé. Ils se regardent, Arnaud lui annonce :

— Je me tire.

Il grimpe tant bien que mal les quelques marches de l'escalier, slalome entre les corps, pousse les portes battantes du Bataclan et se trouve nez à nez avec une demi-douzaine d'armes de poing pointées dans sa direction.

XII

22 h 06. Tony et ses hommes pensent avoir repéré, entre un camion de pompiers et un car de police, « la Polo des terroristes », garée à l'angle du passage Saint-Pierre-Amelot et du boulevard Voltaire. Aussi, les baqueux du Val-de-Marne s'équipent de leurs casques et de leur unique fusil à pompe en dotation puis se cachent à l'abri d'un magasin de carrelage faisant l'angle. Un choix judicieux : la boutique était autrefois une banque et ses vitres sont blindées. Les policiers espèrent que les terroristes vont sortir pour rejoindre leur Polo et qu'ils les cueilleront par surprise. En attendant, ils entendent gémir des blessés depuis le café qui jouxte le Bataclan.

Passage Amelot, la première porte de secours s'ouvre, un terroriste sort. Les vitrines du magasin de carrelage permettent à Tony de le voir. La réciproque est vraie. Le tueur arrose une première rafale de kalachnikov. Ses balles transpercent des panneaux de signalisation. Tony ne peut pas riposter : un spectateur, à hauteur de la porte mais heureusement hors de vue du terroriste, s'entête à transporter une femme blessée ou décédée.

Le tueur referme la porte. Et Tony ordonne à ceux de ses collègues qui n'ont pas assez de protection de dégager. Restent les deux coéquipiers qui constituent son équipage. Devant lui, le brigadier qui tient le bouclier. Derrière, le gardien de la paix en appui feu. Le porteur de bouclier regarde les fenêtres du haut, ses collègues l'issue de secours dans la rue car, expliquera-t-il, « on ne savait pas trop d'où ça venait ».

Le spectateur est toujours là mais il est parvenu à tirer la femme inerte un peu plus loin dans le passage Amelot et il s'est couché sur elle. Alors quand le terroriste ouvre et rafale de nouveau, cette fois, Tony tire deux cartouches de Brenneke. Le calme revenu, il rend compte sur les ondes :

— On s'est fait arroser, on a un véhicule qui est touché, pas de blessés chez nous et on a riposté deux fois au pompe. Reçu.

Tandis qu'il recharge son arme longue, Tony propose à son appui-feu de changer de place pour surprendre le terroriste, la prochaine fois. L'éphémère colonne d'assaut se disloque. La plupart des policiers se replient derrière le camion de pompiers. Tony se positionne derrière le bloc-moteur du car de police. Avec un bon appui pour le fusil à pompe, il fignole sa position de tir.

À quelques mètres de là, le commissaire de la BAC-N et son chauffeur ressortent du Bataclan. Indemnes. Le second équipage du Val-de-Marne rejoint les deux hommes devant l'entrée principale. Sauf Alexandre, le chauffeur. Ce dernier, en portant assistance à des victimes, a croisé des militaires en retrait. Il leur demande de venir aider ses collègues avec leurs puissants fusils d'assaut Famas.

XIII

22 h 12. Quinze hommes de la BRI s'apprêtent à quitter le 36 quai des Orfèvres, des renforts arrivent pour s'équiper à leur tour. Les premiers indiquent aux seconds qu'il faut les rejoindre rue de Charonne et démarrent. En chemin, le commissaire Molmy reçoit un appel de Christian Sainte, directeur de la PJ parisienne, qui lui demande de rejoindre le Bataclan.

Là où, au même moment, Guillaume, le commissaire de la BAC-N, fait aux policiers agglomérés autour de lui dans le hall un point de situation lorsque, par-dessous les portes en bois refermées, se dessine « une ombre rasante » ; se devine un bruit mat (un chargeur tombé au sol, imagine le commissaire) ; se perçoit plus nettement un bruit de culasse. Un terroriste, en s'approchant des portes, a rechargé son arme de guerre, se convainquent les policiers, qui prennent position pour l'accueillir le cas échéant. Mais le terroriste ne se montre pas, l'ombre disparaît.

Quelques instants après, c'est une main qui se faufile à travers une porte battante. Un homme en train de ramper. Les policiers hésitent. Et si c'était un piège ? Ils décident tout de même d'aller le chercher.

— Je ne peux plus marcher, leur dit l'individu.

Ils le tirent sur le sol jonché de verre brisé. L'homme les renseigne : les tueurs étaient trois. Celui qu'ils ont imaginé être un terroriste est Arnaud, le commissaire de l'Eure. Ses collègues le sortent du hall d'accueil, le portent jusqu'au poste de secours avancé.

Une nouvelle main apparaît derrière les portes battantes. Une femme cette fois. Les policiers l'extraient. Puis plus rien.

Dehors les policiers discutent. « J'ai eu un doute sur mon action, avouera Guillaume. Je ne savais pas trop s'il fallait que j'attende à l'extérieur. Mais humainement, compte tenu de ce qui se passait – on sentait bien qu'ils étaient en train d'achever les otages – on ne pouvait pas rester à l'extérieur. » Il prévient ses hommes :

— Ça tire à l'intérieur, c'est un carnage. On ne sait pas combien ils sont, mais ils tuent tout le monde. Il faut y aller. Ceux qui ne le sentent pas, je ne leur en tiendrai pas rigueur.

— Patron, il faut attendre la BRI, préconise Grégory, son fidèle chauffeur.

— Non, il faut y retourner, considère le commissaire de la BAC-N.

Il expliquera : « Cette fois-ci, on savait ce qu'il y avait derrière, c'était encore plus terrifiant. »

Toute la colonne suit le taulier.

En tout et pour tout, les policiers ont deux fusils à pompe et leurs armes de poing, quelques casques et pas assez de gilets pare-balles pour repartir à l'assaut du Bataclan.

XIV

22 h 14. Tony et ses hommes viennent d'essuyer une troisième salve tirée par un terroriste embusqué au niveau de l'issue de secours du Bataclan[1]. D'abord en direction du magasin de carrelage derrière lequel s'abritaient les effectifs de la BAC du Val-de-Marne, puis constatant qu'ils ne s'y trouvaient plus, le tueur a visé les camions de police et de pompiers. Une balle traverse le véhicule de pompiers de part en part pour ressortir à proximité de la tête d'un gardien de la paix.

Aux côtés des policiers, quatre soldats de l'opération *Sentinelle*. Tony prend sa radio pour demander à l'état-major de la préfecture de police qui a autorité sur le dispositif *Sentinelle* la permission de recourir à leurs services.

— Négatif, vous n'engagez pas les militaires, on n'est pas en zone de guerre, lui répond-on.

Au terme de vingt-quatre heures de repos réglementaires, un maréchal des logis et son groupe de 8 hommes rejoignaient ce soir-là le site qu'ils devaient surveiller durant trois jours. Un civil en a décidé autrement. Au milieu de la chaussée boulevard Voltaire, un homme dévie la circulation.

1. Aucun des otages enfermés avec les terroristes ne se souvient que l'un d'eux les ait quittés à partir du moment où ils se sont repliés dans le couloir. Il y a une divergence avec les témoignages des policiers.

Constatant à qui il a affaire, il laisse passer les militaires qui découvrent un spectacle qu'ils ont plutôt l'habitude de connaître sur des théâtres de guerre. Passé les premiers blessés, ils aperçoivent le long d'un magasin de carrelage la colonne d'assaut de la BAC-94, avec à sa tête un homme muni d'un fusil à pompe, Tony.

Le maréchal des logis descend du véhicule de l'armée pour s'enquérir de ce qui se passe. La première rafale de kalachnikov l'amène à se replier. Il fait descendre son groupe de combat. Survient la seconde rafale. Survient également Alexandre, le chauffeur de la BAC Val-de-Marne. Il faut aider ses collègues au contact avec un terroriste passage Amelot. Le maréchal des logis envoie quatre de ses hommes. Il destine les quatre autres à la sécurisation du square May-Picqueray qui fait face au Bataclan et à l'évacuation des quelques journalistes qui s'y trouvent déjà.

Sur la ligne de front du passage Amelot, Tony ne désarme pas.

— Allez, on y va ! encourage-t-il les militaires.

— Non, je n'ai pas d'ordre pour bouger, répond l'un d'eux.

— Bah, alors passe-moi ton Famas !

Le soldat refuse de prêter son fusil d'assaut (ce qui est conforme aux règles d'engagement des forces en opération). Les militaires prennent néanmoins le soin de faire sauter le dispositif d'obturation de leurs armes et font monter une cartouche dans la chambre de leurs Famas. Prêts à tirer.

Le maréchal des logis indiquera que ses hommes n'ont pu ouvrir le feu car ils ne disposaient « pas de visuel sur le terroriste lui-même » mais que, dans le cas contraire, ils auraient « évidemment fait en sorte de [le] neutraliser ».

Tony ne se pose pas la question quand le tueur du passage Amelot rafale une quatrième fois, cette fois depuis l'abri de la porte de secours qu'il a grande ouverte. Seul son bras dépasse.

Avec son fusil à pompe, le brigadier-chef fait feu sur la porte. Le premier tir est trop haut, alors Tony rectifie. Le second tir est au niveau du torse. Le policier croit voir la kalachnikov s'affaisser. Puis la porte se referme, doucement.

Interrogé quatre mois plus tard par la commission d'enquête parlementaire mise en place dans la foulée des attentats, le maréchal des logis se justifiera de ne jamais avoir cherché à entrer dans la salle du Bataclan : « Je ne disposais d'aucun visuel sur l'entrée du Bataclan et donnais donc plutôt la priorité à la surveillance de l'issue de secours, à partir de laquelle le terroriste tirait en direction de la rue. [...] Nous aurions sans doute pu entrer. En revanche, je n'aurais pu me lancer dans une telle entreprise avec la seule participation du groupe de huit hommes dont je disposais, dans la mesure où je ne connaissais ni la disposition des lieux, ni le nombre d'assaillants et leur niveau d'armement. »

À sa place une semaine plus tard, le général Bruno Le Ray, gouverneur militaire de Paris, invoquera les règles d'engagement des militaires, qui veulent « que l'on n'entre pas dans une bouteille à l'encre sans savoir ce que l'on va faire et contre qui ». « Il est impensable de mettre des soldats en danger dans l'espoir hypothétique de sauver d'autres personnes, ajoutera le général. Ils n'ont pas vocation à se jeter dans la gueule du loup. [...] Je me mets à la place d'un soldat entrant dans une pièce où il risque de tomber à la fois sur les terroristes et leurs victimes, dans une configuration inconnue, avec une luminosité peut-être insuffisante et des gens qui hurlent de tous côtés : comment faire, dans ces conditions, pour discriminer instantanément les agresseurs des victimes ? »

C'est exactement ce que s'apprêtent à faire une dizaine de policiers sous-équipés.

XV

22 h 15. Qu'a-t-il pensé ce brigadier du 11ᵉ arrondissement de Paris en le voyant arriver sur la terrasse de la Bonne Bière ? L'a-t-il reconnu à son regard bleu triste ? À son visage taillé dans la roche ? À son accent venu des Pyrénées ? Ou tout bêtement a-t-il déduit être en présence d'une personnalité aux deux gardes du corps qui l'accompagnent ?

Le procureur de la République de Paris. Celui qui s'est invité dans nos télévisions pour nous informer des attentats commis par Mohamed Merah, de ceux de janvier 2015, de ceux perpétrés à Villejuif, à Saint-Quentin-Fallavier, dans le Thalys…

En voyant François Molins arriver, seul officiel au milieu des primo-intervenants, des cadavres et des survivants, le policier va avoir un geste tout simple. Il enlève son gilet pare-balles et le donne au magistrat. « Je l'ai gardé toute la soirée », se souviendra le procureur Molins en évoquant des rumeurs de tireurs embusqués sur les toits.

Le magistrat était, « après une semaine épuisante », sur le point de se coucher une heure plus tôt quand un coup de fil de Jacques Méric, le directeur de la sécurité de proximité de l'agglomération parisienne, le prévenait d'une explosion au Stade de France. François Molins avait rallumé la télé et, avec son épouse, découvert les bandeaux des chaînes d'information continue annonçant des fusillades sur des terrasses de café.

Depuis des mois, la DGSI tenait au magistrat des discours très alarmistes, lui parlait de l'Amniyat, le service secret de l'État islamique qui voulait frapper la France lors d'une attaque de grande ampleur. On y était. Alors François Molins avait appelé Camille Hennetier, la cheffe de la section anti-terroriste (dite Cl) du parquet de Paris, pour lui communiquer ses premières instructions, puis ses officiers de sécurité pour qu'ils le conduisent à la Bonne Bière. « Dans la culture du parquetier, vous allez sur la scène de crime », banalisera le procureur de la République.

Autour de lui, quelques sapeurs-pompiers s'affairent. Démunis. Michel Bonnot, urgentiste-réanimateur, habite rue de la Folie-Méricourt. Au bruit de la fusillade, il est descendu porter secours. Il a tenté de récupérer une jeune femme qui n'avait plus de pouls. Massage cardiaque, bouche-à-bouche. Un sapeur-pompier se présente. « Je lui demande de m'envoyer son médecin. Il me dit qu'il n'en a pas. Je lui demande du matériel d'intubation, de perfusion. Il me dit qu'il n'en a pas », racontera-t-il à *Mediapart*[1]. La jeune femme décédera de ses blessures.

Une commissaire du 18e arrondissement arrivée là par hasard et occupée à contrôler un colis suspect dans le panier d'un Vélib' fera part de sa surprise : « J'ai été frappée par le fait que le capitaine des pompiers n'avait aucun médecin à ses côtés. Il n'a donc pu faire aucune stabilisation comme on a l'habitude de les pratiquer sur place, évacuant directement les blessés vers les hôpitaux. »

Pourquoi cette pénurie ? Les sept ambulances de réanimation sont déjà mobilisées au Stade de France et au Petit Cambodge. Puis quand une quinzaine d'ambulances supplémentaires sont mises en circulation, les policiers qui en croisent certaines dans

1. Caroline Coq-Chodorge, « Attentats du 13-Novembre : là où les secours ont manqué », *Mediapart*, 29 février 2016.

le quartier les orientent vers le Bataclan. Ils les détournent de la Bonne Bière, imaginant que ça n'était pas un site attaqué. « Pour autant, ça n'a eu aucune conséquence, assurera le général Boutinaud. On a fait une analyse médicale très précise sur le sujet. Les cinq personnes qui sont décédées à la Bonne Bière n'avaient absolument aucune chance d'être sauvées. Et les blessés en urgence relative ou en urgence absolue s'en sont tous sortis. »

Après la Bonne Bière, François Molins se rend au Carillon. « J'y ai vu tous ces corps pliés sur le trottoir et une femme à l'intérieur de l'établissement. Je suis entré discuter avec elle, lui demander ce qui s'était passé. Vous avez l'information en direct, sans distorsion. Ça aide à comprendre. » Le procureur de la République est rejoint par Camille Hennetier. Ils apprennent la tuerie et la prise d'otages en cours. Ils partent ensemble au Bataclan.

XVI

22 h 16. À la caserne Champerret où quatre-vingts sapeurs-pompiers s'affairent dans la salle de crise, cela vire à la cacophonie. Entre 21 et 22 heures, 584 fois le téléphone a retenti. Les terrasses attaquées sont proches les unes des autres et situées à des angles de rue. Plusieurs appels signalent les mêmes fusillades mais avec des adresses différentes. Ou, au contraire, un même nom de rue pour deux attaques différentes. Le général Philippe Boutinaud intervient. « Pour éviter toute confusion, j'ai renommé tous les sites pour qu'il y ait un seul mot-clé les désignant, qu'on arrête de dire "c'est à l'angle de la rue Trucmuche et de la rue Bidule". Pour qu'on dise : c'est "Charonne", c'est "Bataclan", c'est "République", etc. Comme cela, plus personne ne discute. Vous affichez sur votre tableau *Charonne*, tant de blessés, tant d'urgences absolues, tant de décédés. Tout le monde parle le même langage. »

Ceci pour les vraies attaques. Le général Boutinaud reçoit un appel de la cellule interministérielle de crise.

— Est-ce que vous pouvez confirmer une attaque terroriste à la gare du Nord ?

— Il n'y a pas d'attaque terroriste à la gare du Nord.

— Vous en êtes sûr ?

— Oui, j'en suis sûr. Personne ne nous a appelés pour une attaque.

— Mais vous êtes certain ? Parce que des chaînes d'info disent qu'il y a cent morts à la gare du Nord…

Des sapeurs-pompiers sont envoyés sur place. Au cas où.

Le téléphone sonne à Champerret.

— Mon général, j'ai sillonné la gare, elle est complètement vide, il n'y a personne dedans. Il n'y a pas de blessé, pas de mort. Il n'y a rien…

Et pendant ce temps les informations remontent sur un camion pris pour cible par les terroristes du Bataclan, et un caporal-chef a raconté avoir essuyé un feu ennemi au sortir d'un Franprix. Le général Boutinaud imagine le pire. Avec 430 pompiers de Paris sur le terrain, la nuit ne peut pas se terminer sans qu'on lui annonce la mort d'un d'entre eux. Obligé.

Au même moment, au Bataclan, une dizaine de baqueux franchissent les portes en bois, s'approchent de la fosse où gisent une centaine de corps. Ils essuient des rafales de kalachnikovs, s'abritent derrière des pylônes. Là, le commissaire et le chauffeur de la BAC-N ont pour l'un envoyé un texto, pour l'autre passé un court appel « sans attendre la réponse » pour dire adieu à leurs proches. Parce que « c'était une certitude, nous allions mourir ce soir-là ». Dans la fosse, des survivants faisant les morts font de fugaces signes avec deux doigts pour indiquer qu'il reste deux tireurs. Mais les policiers, sous le déluge de plomb, sont réduits à l'impuissance.

« Nous n'avions que notre courage à opposer à ces terroristes, se justifiera Guillaume, le commissaire. À un moment donné, je me suis dit qu'il était suicidaire d'aller au-delà. On sentait que la mort se propageait parmi les gens. On entendait des gens gémir, puis rien du tout. »

Son chauffeur Grégory perçoit le bruit d'une arme qu'on recharge, un chargeur qui tombe au sol et la culasse que l'on tire. Au-dessus de la tête des policiers, des impacts de balles et de la fumée. Mais pas de trace des terroristes. Sont-ils dans les loges au premier étage ? Ou sur le côté du Bataclan ? Là où un tueur a fait feu quelques minutes plus tôt en direction des policiers et militaires qui surveillaient le passage Amelot ?

Guillaume tire à l'aveugle à deux reprises en direction du balcon avant de se replier avec ses hommes derrière les portes battantes de l'entrée principale. Ce sont les deux derniers coups de feu qui seront tirés au Bataclan avant l'assaut final, deux heures plus tard.

XVII

22 h 43.

— Ils arrivent ! se réjouit une femme.

— Ne bougez pas ! On va venir. Ne bougez pas ! lui ordonne un policier.

— Parlez-nous, putain ! réclame un survivant.

— Aidez-nous, implore un second.

— À l'aide ! dit un troisième.

Depuis une vingtaine de minutes, les forces de l'ordre ont investi le rez-de-chaussée ensanglanté.

Une commissaire et quelques hommes de la BAC-N ont désobéi à la radio qui leur rappelle que la consigne dans pareil cas consiste à attendre les groupes d'intervention spécialisés et de ne surtout pas franchir le périmètre de sécurité. « Ce jour-là, on n'a pas obéi aux ordres », se rappellera Michel, un gardien de la paix. Une évidence. Sur les ondes, Guillaume, leur taulier, a réclamé des renforts après avoir tué un terroriste. Alors les policiers de la BAC-N se faufilent entre les voitures en stationnement, croisent des blessés hagards et s'approchent du Bataclan où ils aperçoivent un homme à une fenêtre du premier étage. Un terroriste, imaginent-ils. Il s'agit plus probablement d'un otage.

Ils rejoignent leur supérieur Guillaume, son chauffeur Grégory, ainsi que les équipages des BAC du Val-de-Marne, des gardiens de la paix d'arrondissement et des membres de la compagnie de sécurisation et d'intervention (CSI). Récupérant des hommes de sa BAC-N armés de fusils-mitrailleurs et de boucliers, Guillaume les a exhortés :

— On va rentrer, et quoi qu'il arrive, on ne recule pas !

Le commissaire de la BAC-N pénètre donc une troisième fois dans le Bataclan. Pour prévenir tout nouvel assaut des terroristes, il dispose ses appuis-feu derrière des boucliers le long de la fosse. Avant de pénétrer dans le Bataclan, Michel a envoyé un SMS à sa femme :

Je t'aime

Un gradé de la CSI n'a pas de gilet pare-balles dit « lourd », une trentaine ont été retirés de son service depuis le début de l'année parce qu'ils avaient un défaut. Sans être remplacés… Le gradé emprunte celui d'un de ses hommes et lui ordonne en conséquence de ne pas se joindre à eux.

Ceux qui entrent pour la première fois se confrontent à l'amoncellement de corps dans la fosse. Et à l'intérieur de ce tertre de chair et de sang, des mouvements, des gémissements. « Les vivants sur les morts, les morts sur les vivants », résumera Emmanuel, un membre de la BAC-N.

Les policiers restent à l'abri, tout relatif, au niveau de l'entrée de la salle. Ils ne s'exposent pas à découvert dans la fosse.

— Les personnes valides, levez le bras, crie Guillaume.

Des spectateurs se relèvent d'entre les morts. L'un d'eux veut aider une femme à terre. « Je lui ai dit qu'il devait partir, que j'étais trop blessée. Ses traits ont changé quand il a vu ma jambe. Il a essayé de la remettre en place. Il s'est excusé. Il est parti », témoignera Amandine.

Une spectatrice marche en direction des forces de l'ordre. Elle a la joue arrachée. Elle tend la main vers Emmanuel, le baqueux.

— Aidez-moi, aidez-moi, le supplie-t-elle.

« Je peux vous dire que ça vous glace le sang », se souviendra-t-il six ans plus tard.

Les autres spectateurs, ceux qui ne peuvent s'extraire de la fosse, insultent les policiers.

— Magnez-vous le cul, merde !

— On va crever !

— On est là, on est là, tente de rassurer un policier.

En vain.

— On va se faire buter, putain !

— Calme, un peu de calme…

— Rester calme ?! Ça fait une heure qu'on vous dit qu'il n'y a personne en haut ! Faites votre taf, putain de merde !

La première colonne de la BRI est là aussi, qui explore les méandres de la salle de concert à la recherche d'éventuels terroristes. Le commissaire de la BAC-N a été incapable de leur dire s'il en reste ou non, ni combien ils étaient, encore moins s'il y a des sorties par les toits. Avec la multiplicité des scènes de crime cette nuit-là (huit à Paris et à Saint-Denis), le commando peut très bien s'être enfui et s'apprêter à frapper ailleurs. La situation est d'autant plus confuse que la police reçoit de nombreux appels téléphoniques à propos de coups de feu aux quatre coins de la capitale, autant d'alertes que l'état-major répercute à ses effectifs sur le terrain. « Nous ne savions plus vraiment ce qui se passait, avouera Guillaume. Des gens parlaient de tirs au niveau de la place de la République, d'autres faisaient état de blessés un peu partout. Nous avions une vision assez limitée de la situation globale. »

À froid, Tony, le brigadier-chef du Val-de-Marne, analysera : « S'agissant de la coordination et de la communication, les terroristes ont réussi à faire ce qu'ils voulaient : saturer les ondes. Ils ont utilisé un procédé militaire qui consiste à multiplier les points d'impact pour saturer les services de secours et d'intervention. »

Le dépiégeur d'assaut de la BRI ausculte les lieux. « On ne sait pas, à ce moment précis, si des engins explosifs sont cachés, si des terroristes sont embusqués. La meilleure solution ne consiste donc pas à se ruer à l'intérieur. Il faut procéder par étapes, avec précaution », justifiera Christophe Molmy, le patron de la brigade. Il récupère ses hommes envoyés dans un premier temps aux terrasses. En arrivant dans la salle, l'un d'eux s'écrie :

— Oh putain, mon Dieu !

Une fois le rez-de-chaussée sécurisé, la BRI emprunte les escaliers pour explorer le premier étage. Voyant ces ombres rassurantes longer les murs du Bataclan, Amandine, la femme qu'un autre spectateur n'a pu aider en raison de l'état de sa jambe, appelle au secours.

— Je suis vivante ! Venez me chercher ! J'ai besoin de soins !

La BRI poursuit sa mission. « À un moment donné, cela devenait insoutenable pour moi, rapportera le commissaire de la BAC-N. J'ai décidé qu'il était temps d'aller dans la fosse chercher les victimes. » Guillaume descend dans la fosse et se dirige vers la femme qui implore son aide.

— Je vais vous tirer par le bras, ça va vous faire mal.

Il joint le geste à la parole. « La douleur était insupportable, j'avais l'impression que mon pied allait se détacher », dira Amandine. Le commissaire la fait asseoir sur une chaise dans le hall du Bataclan et la confie à un de ses hommes. Puis il retourne en enfer.

Il faut enjamber les corps, déplacer les cadavres, éviter de glisser dans les rivières de sang et sur les douilles de kalachnikov. Et ces mains qui s'agrippent au pantalon. Comme cette femme qui s'accroche à la jambe de Michel, le gardien de la paix, quand il s'avance à droite de la fosse. « Elle me supplie de l'aider. Je la regarde dans les yeux et lui dis que les pompiers arrivent, puis je repousse son bras avec mon pied. Je savais qu'ils n'allaient pas arriver, la salle n'était pas sécurisée. » Quand il retourne quelques instants plus tard dans cette zone, Michel pense reconnaître cette femme. « Elle était décédée… »

Des baqueux s'y mettent à trois pour transporter les blessés rendus trop lourds par leurs vêtements imbibés de sang. « Nous les avons tirés comme on pouvait. Nous commencions à être épuisés », se souviendra Guillaume. Il faut faire avec les gilets pare-balles lourds mais aussi le fusil à pompe ou le pistolet-mitrailleur dont sont équipés ceux qui sont en première ligne à l'intérieur du Bataclan. Et puis, alors que les portes battantes approchent, il y a la dernière difficulté. Ces trois marches qui délimitent la fosse. Elles aussi encombrées de cadavres.

Dans le hall, les survivants sont palpés afin de s'assurer qu'un terroriste ne s'est pas glissé parmi eux. Dans le hall, des mesures de sécurité et les premiers soins. Le professeur Denis Safran, le médecin chef de la BRI, pose des pansements compressifs et garrots tourniquets, il sera rejoint ensuite et aidé dans sa tâche par ses homologues du RAID. Les médecins trient les rescapés, selon la gravité de leurs blessures. Ceux à extraire en priorité vers le poste médical avancé installé rue Oberkampf d'où ils seront ensuite transportés à l'hôpital. « Les blessures balistiques entraînent des détresses respiratoires – des pneumothorax – et des hémorragies graves. La seule façon de sauver ces victimes est de les prendre en charge le plus rapidement possible au bloc opératoire », expliquera le professeur Safran. L'urgence est à la priorisation des blessés à hospitaliser, à partir de critères cliniques : « Qui n'a aucune chance ? Qui a des chances de survivre si on le fait sortir très vite ? Et qui peut attendre ? C'est exactement ce qu'on retrouve dans les théâtres d'opération extérieure. C'était la guerre dans Paris », poursuivra l'expérimenté médecin réanimateur.

Son collègue du RAID, le médecin chef Matthieu Langlois griffonne des « 1, 2 ou 3 » sur le front des survivants pour indiquer au poste médical avancé les hospitalisations prioritaires. « Mais, avec le sang et la sueur, les marques ne voulaient plus rien dire à l'arrivée… »

Amandine, la trentenaire qui a été arrachée à la fosse par Guillaume, fait face au policier auquel le commissaire de la BAC-N l'a confiée. « Je l'ai appelé “mon sauveur”. Je me suis accrochée à ses yeux bleus. Il m'a posé des tas de questions, m'a demandé mon âge. Je me disais “est-ce que c'est vraiment le moment d'avoir cette conversation ?” Mais c'était pour me tenir éveillée.[1] » Son « sauveur » l'amène rue Oberkampf, interpelle un sapeur-pompier.

— Tu la prends en charge !

Elle est évacuée vers un hôpital, en ayant gardé avec elle le numéro de téléphone de son sauveur aux yeux bleus.

Les policiers des différentes brigades anticriminalité qui ne sont pas dans la salle de spectacle transportent les blessés sur des barrières Vauban en guise de brancards. Les allers-retours des forces de l'ordre s'effectuent avec un œil levé vers les fenêtres du premier étage du Bataclan. « Nous redoutions qu'ils soient en embuscade, attendant notre approche pour nous tirer dessus », dira un chef de service prêtant également main forte.

À l'intérieur du petit couloir, les 11 otages et les 2 terroristes passent le temps. De manière absurde. Les tueurs tendent une liasse de billets à l'homme qui a secouru la femme enceinte suspendue à une fenêtre. Ils lui ordonnent de brûler cet argent. « J'avais un briquet, je pense à Gainsbourg et je me dis : “Ils vont

1. Karl Laske, « Les mots ne seront pas suffisants », *Mediapart*, 8 octobre 2021.

me sacrifier sur l'autel du capitalisme." » Pour les amadouer, il ajoute ses propres billets et se fait réprimander. Mais pas tuer.

Le terroriste n° 1 rabroue Caroline, une otage atteinte d'une maladie neuromusculaire.

— Eh, là-bas, couvre-toi !

Son épaule est à nu. « Je lui ai dit : "Ah oui, pardon !", comme si ma tenue était indécente… »

Le terroriste n° 2 est aux anges. Il débute un jogging dans l'espace restreint.

— C'est bon, je suis chaud pour la faire durer cette prise d'otages !

XVIII

22 h 45. La vice-procureure Camille Hennetier appelle Philippe Chadrys. Pour lui annoncer que la SDAT est saisie de l'enquête, en compagnie de la DGSI, de la brigade criminelle et de l'ensemble de la direction centrale de la police judiciaire. La SDAT, précise la magistrate, va avoir en charge la coordination des investigations entre les différents services. C'est-à-dire qu'elle va devoir répartir en bonne intelligence le travail entre le millier d'enquêteurs déployés un peu partout en France, centraliser les actes établis et ne pas oublier de ventiler les informations d'un service à l'autre. « Là, j'ai quand même un petit moment de stress… » Voilà le service de Philippe Chadrys parti pour des années d'enquête.

Quand le patron de la SDAT est revenu au service, des enquêteurs étaient déjà au téléphone. Au fil de la soirée d'autres arrivent, sans que leurs supérieurs n'aient eu le temps de les appeler. À la DGSI, certains en vacances en province rentrent, très vite, en région parisienne. Trop vite. Dans les mois qui suivront, il faudra gérer leurs amendes pour des excès de vitesse pharaoniques. Trop vite et trop nombreux. Il n'y a pas assez de travail pour tous. Alors les commissaires commandent des pizzas et, après, conseillent avec diplomatie à une partie de leurs effectifs de rentrer chez eux.

— On aura besoin de toi plus tard.

Un officier évoquera lors du procès des attentats « la sidération » qui règne alors au service. « Ça n'a pas été évident, cette soirée… », ajoutera-t-il. « Il y avait des yeux rougis, confirmera le commissaire SI 562. Des collègues étaient effondrés. Ces attentats sont les événements que nous sommes chargés d'éviter. Quand ils surviennent, cela nous affecte. » Lui-même réprimera un sanglot lors du procès des attentats de janvier 2015, au moment de présenter ses excuses aux victimes pour ne pas être parvenu à empêcher les projets mortifères des frères Kouachi. « Les services sont souvent accusés de ne pas avoir poursuivi des pistes qui a posteriori apparaissent évidentes, expliquera-t-il dans l'entretien qu'il accordera à *Mediapart* en 2021. À chaque fois qu'il y a un attentat avec du sang versé, il y a une recherche de "la vérité". Parce qu'il y a une espèce de préconçu qui consiste à penser que les services ne seraient pas transparents, qu'on aurait des choses à se reprocher. »

Pour éviter que la culpabilité qui les étreint ne les ronge de nouveau, Patrick Calvar, le patron de la DGSI, réunit dans la nuit ses principaux collaborateurs.

— Vous ne vous occupez pas de ce qu'on raconte sur nous, leur ordonne-t-il. Vous ne lisez pas les articles, vous ne regardez pas la télé. Vous rassurez vos hommes. Nous avons un travail à faire.

Boulevard Mortier, au siège de la DGSE, la cellule de crise est activée – en attendant le retour du directeur – autour de la personne de son adjoint, le général Jean-Pierre Palasset, arrivé au service quatre mois plus tôt, après avoir commandé l'opération *Barkhane* au Sahel. Avec lui, le directeur des opérations, celui du renseignement, le directeur technique, le chef de la sécurité et une demi-douzaine d'officiers et de sous-officiers. On ressort des dossiers, on épluche les comptes rendus d'écoutes administratives, on cherche à comprendre. « Malgré l'effervescence, c'est assez silencieux. Il y avait une chape de plomb, c'était pesant », confiera une des personnes présentes cette nuit-là à la cellule de crise.

Pour l'heure, les services ignorent toujours combien il y a de scènes de crime. Dans la confusion du moment, certains en évoquent une alors qu'il s'agit d'un poste médical avancé… « Notre priorité absolue, c'est avoir de l'information et la fiabiliser, rappellera Philippe Chadrys. D'autant qu'il y a un tas de fausses alertes qui tombent. On nous parle de fusillades aux Halles, de gens avec des armes sur l'autoroute. » Et puis il leur faut déterminer si les opérations de police sont toujours en cours, où en sont les services de secours, si la quinzaine d'enquêteurs de la SDAT qui se tiennent prêts à partir sur les scènes de crime vont pouvoir faire des constatations de manière sécurisée. Et surtout savoir combien il y a de tueurs, combien sont déjà décédés. Pour répondre à la mère de toutes les questions policières : combien sont encore dans la nature ? « Dans ces moments-là, le plus dur, c'est de gérer les priorités. Les urgences se superposent », dira le commissaire Chadrys. Dans le chaos qui s'installe, il va falloir s'organiser. Pour fluidifier la transmission d'informations, la brigade criminelle, la DGSI et la SDAT procèdent à l'échange de fonctionnaires au sein de leurs postes de commandement respectifs.

Si la SDAT va devoir gérer l'enquête sur les crimes perpétrés, la DGSI s'inquiète de possibles *copycats*, des attentats inspirés par ceux de la nuit. Ses analystes se plongent dans les dossiers pour repérer les « objectifs » du service ayant le profil pour commettre l'irréparable. Pour ceux-là, s'ils sont déjà judiciarisés, le tempo des enquêtes les concernant va être accéléré.

Et puis il s'agit de s'assurer que les individus déjà pris en compte ne sont pas liés à l'attentat en cours. « La branche judiciaire et la branche renseignement de la DGSI vérifient où se trouvent nos objectifs respectifs, racontera le commissaire SI 562. Est-ce que celui-ci répond au téléphone ? Est-ce qu'il y a des surveillances en cours sur tel individu ? Tel autre est-il visible ? Etc. On s'assure qu'aucun de nos "clients" n'a borné aux environs du Bataclan ou du Stade de France. Cela va nous permettre d'exclure un certain nombre de suspects. » Cela fait du monde. Au matin de cette funeste journée, 1 760 individus étaient ciblés par la DGSI, entre les Français présents en zone irako-syrienne, les candidats au départ et ceux rentrés.

À T35, la section qui gère les sources humaines du contre-terrorisme, on procède aussi aux vérifications. Le nombre est plus restreint mais l'attention encore plus grande. Il ne faudrait pas qu'une taupe ait enfumé le service et soit en train de participer à l'attentat en cours. C'est le traumatisme Mohamed Merah. Le « FBI à la française » voulu par Nicolas Sarkozy avait envisagé de recruter celui qui était en train de planifier l'assassinat de militaires maghrébins et d'enfants juifs.

À la cellule Allât qu'il dirige, Julien prend son arme. Habitant du 10e arrondissement, il a été alerté tôt par le bruit des deux-tons qui se succédaient dans son quartier. Il a compris. Sur le chemin du retour au service, il envoie un texto à son copain d'enfance qui lui avait dit aller à un concert au Bataclan :

Fais gaffe.

Fabrice l'a rappelé, en panique :

— Je suis sorti mais je ne sais pas où est Émilie…

Alors, après avoir battu le rappel des troupes et s'être assuré que tout était en place au sein d'Allât, le commissaire Julien prévient sa supérieure hiérarchique, la sous-directrice Lucille Rolland :

— Je ne le laisse pas là-bas, je vais le chercher.

Un autre membre de la cellule inter-services, un officier de la DRPP, les anciens renseignements généraux parisiens, l'accompagne. « Sur le périph', on a pris les flashs de tous les radars », se souviendra le commissaire.

XIX

22 h 53. Au Stade de France, le match est terminé. Son résultat n'a plus aucune espèce d'importance. Ce qui compte désormais c'est huit minutes. Le temps nécessaire pour que l'enceinte se vide de ses 72 000 spectateurs, si tout se passe bien. Si tout se passe bien.

Les écrans géants du stade diffusent un message également relayé par le speaker :

> *Suite à un incident extérieur au stade, nous allons demander à tous les spectateurs de quitter l'enceinte par les portes des secteurs ouest-sud et nord.*

Soixante-douze mille personnes commencent à sortir dans le calme.

Moins l'équipe de France qui sera évacuée sous escorte policière à 2 heures du matin, direction son fief de Clairefontaine.

Moins aussi l'équipe allemande, déjà échaudée par une alerte à la bombe survenue un peu plus tôt dans l'après-midi dans l'hôtel du 16e arrondissement qui héberge sa délégation. Aussi les joueurs d'outre-Rhin et leur staff décident-ils de passer la nuit à l'intérieur du Stade de France jusqu'à leur départ pour l'aéroport prévu à 7 heures du matin.

Une fois franchis les tripodes, dépassés les vigiles, les spectateurs cheminent vers les différentes gares RER et de métro. Des gardes républicains à cheval sont présents pour aider à réguler le flux. En théorie. Certains d'entre eux se trouvaient à quelques mètres de la première explosion et sont une heure et demie plus tard toujours secoués.

« On a d'abord dû absorber le choc, comprendre ce qui se passait, et improviser », dira un major, trente-trois ans de gendarmerie au compteur, lui qui venait de dire à une collègue dont c'était la première fois au Stade de France : « Vous voyez, c'est une mission relativement rodée et, ce soir, c'est plutôt calme. »

Il faut huit minutes pour évacuer l'enceinte mais, au bout de quatre, des milliers de gens refluent. En se dirigeant vers le RER D, ils ont entendu des explosions. Entre 2 000 et 5 000 spectateurs se réfugient sur la pelouse foulée auparavant par vingt-deux footballeurs.

Dehors, un chef d'escadron de la garde républicaine ne s'est pas remis de la seconde explosion. « Je reste sans rien faire. Je baisse la tête. À partir de là, j'ai peur de mourir à chaque instant, que ça explose à n'importe quel endroit. Je vois en chaque personne arrivant sur nous un kamikaze. Je dégaine mon arme de service et je mets en joue les personnes qui arrivent sur notre position, en faisant les sommations. »

Au bout d'une vingtaine de minutes, le commissaire présent au poste de commandement du Stade de France déniche la cause des explosions entendues par ceux qui s'en allaient prendre leur train : des pétards jetés par de mauvais plaisantins aux abords de l'autoroute A86.

Une heure après la fin du match, les derniers spectateurs déserteront enfin un Stade de France dont l'évacuation aura duré un peu plus de huit minutes.

XX

22 h 59. La colonne d'assaut gravit les dernières marches qui mènent au premier étage. Là, une régie lumière, des rangées de sièges, un balcon, une coursive, une porte et, derrière cette porte, un cri.

— N'approchez pas ou ils tuent tout le monde !

Le premier de colonne, sans qu'on sache s'il s'adresse à son interlocuteur derrière la porte ou plus probablement à un spectateur en train de se redresser entre deux sièges, hurle un ordre à son tour :

— Baissez la tête, monsieur !

La voix derrière la porte insiste.

— On est en prise d'otages… Ils ont des ceintures explosives !

Il s'agit d'un informaticien à qui les terroristes dictent ses propos. « Ils me demandent de crier. Je vais passer toute la soirée à crier, et je ne sais pas si je dois dire "je", ou si je dis "on". » Et maintenant il demande à qui il a affaire.

— Est-ce que c'est la police ?

À ces mots, des râles se font entendre. Des blessés se manifestent.

— Oh ! fais voir tes mains ! Fais voir tes mains ! Assieds-toi ! Assieds-toi ! ordonne à l'un d'eux le premier de colonne, qui se tourne vers un de ses collègues :

— Regarde. Aide-le à se lever !

« Notre progression n'était pas extrêmement dynamique, se rappellera Christophe Molmy. On a vu des otages sortir des faux plafonds, des placards électriques. Je me souviens avoir ouvert une porte des toilettes et être tombé sur cinq ou six personnes entassées. Tous ces gens, il fallait les prendre en charge et s'assurer que ce n'étaient pas des otages piégés[1]. »

23 h 04. L'informaticien derrière la porte relance la conversation avec la colonne d'assaut. Les terroristes ont des exigences.

— Ils veulent parler à un responsable.

— Ils sont où ? tente de savoir le premier de colonne.

L'otage énumère un numéro de téléphone portable.

— Vous appelez sur ce numéro. Ils veulent vous parler, précise-t-il.

Pendant qu'un semblant de discussion s'entame, des survivants manifestent leurs peurs, leurs attentes, leurs exaspérations aux policiers qui se tiennent armes dressées en direction de la porte derrière laquelle se sont réfugiés les terroristes et leurs otages.

— Il est en train de mourir ! Il est en train de mourir ! alerte une femme.

— On va crever, s'énerve un homme.

— On est là, on est là, temporise un policier.

— On a peur, répète la femme.

— Il est mort, putain ! s'emporte un troisième spectateur.

— OK, ceux qui peuvent ramper..., propose le policier, avant d'être coupé par l'homme énervé :

— Vous vous répétez là !

23 h 09. Un terroriste s'immisce dans la conversation avec le premier de colonne de la BRI.

— Arrête-toi ! Casse-toi ! Ou je fais sauter les otages !

— OK, obtempère le policier.

1. Avec des explosifs sur eux.

— Adíos !
— OK.
— Direct !
— OK.
— Je te vois d'ici ! Dégage !

Pendant ce temps, les derniers préparatifs d'un éventuel assaut se mettent en place. Le RAID arrive. Certains de ses hommes sont intégrés au dispositif. Notamment celui que l'on nommera « THP », son indicatif pour « tireur haute précision », ce qu'en anglais on appelle un *sniper*.

— C'est la porte là-bas ? demande THP, qui cherche à prendre position face à l'endroit où se sont réfugiés les terroristes et les otages.

— Ouais, confirme un policier de la brigade d'intervention[1].

Puis, du coup, il demande :

— Je te fais une protec[2] ici ou pas ?

— Ouais, tu peux. Si jamais ça chie [sic], tu veux pas venir derrière le mur plutôt ?

Les deux hommes s'installent le long de la rambarde du balcon à gauche de la régie son. Ils ignorent que juste à côté un spectateur a abandonné son dictaphone, qui va conserver la mémoire de leur conversation.

1. BI, une unité de sécurité publique, à ne pas confondre avec la BRI.

2. Protection.

XXI

23 h 15. Costume cravate de rigueur, barbe grisonnante, un commandant de la brigade criminelle de Paris, la mythique Crim', arrive avec son groupe à l'angle des rues du Faubourg-du-Temple, de la Fontaine-au-Roi, et de la Folie-Méricourt. Devant eux, le café la Bonne Bière et la pizzeria Casa Nostra. Devant eux, cinq morts et huit blessés en urgence absolue. Et des impacts de balles. Partout. Dans tous les sens. Des impacts sur les voitures. Des impacts à travers les vitrines. Une balle à l'intérieur d'un frigo dans une boulangerie voisine. Le commandant et son groupe débutent leurs constatations. Ils signalent par des cavaliers [des cartons numérotés] les douilles sur le trottoir. Un corps traversé de « onze passages de projectiles » mais sans papier d'identité. Sur le bitume devant la Bonne Bière, un étui de violon dont le propriétaire, à l'intérieur du bar, gît au sol.

À quelques mètres de là, au croisement des rues Alibert et Bichat, le chef de groupe BC 099 va lui relever 121 douilles percutées de calibre 7,62. Le Carillon à droite, le Petit Cambodge à gauche. Au milieu, un véhicule à l'arrêt et le corps de sa conductrice sur la chaussée. Elle a eu le malheur dans le flot de circulation de suivre la voiture des terroristes.

Au cours de sa carrière à la brigade criminelle, BC 099 s'imaginait avoir tout vu. Mais pas ce soir. Pas cette nuit. « Ce n'est pas une scène de crime telle que nous pouvons la connaître, c'est une scène de guerre, tout simplement », dira-t-il. Les assassins ont déchargé sur les convives l'équivalent de quatre chargeurs de fusil d'assaut.

« Cet enchevêtrement de corps, les taches de sang, les compresses, tout le matériel médical… » Le chef de groupe fera part de « la sidération » qui l'étreint, les minutes nécessaires pour digérer et se mettre au travail. « À ce moment-là, le côté humain, on le met au fond de soi, et on devient professionnel. » Sous la lumière orangée des lampadaires, BC 099 procède au relevé d'identité des cadavres. Il soulève les draps qui les recouvrent, à la recherche de papiers. Parfois en vain. Ce qui amène l'émérite chef de groupe à se tromper à propos de la troisième victime dont il s'occupe. Dans le sac à main à côté d'elle, des documents au nom d'une jeune femme accompagnés d'une photo. « Le visage, jeune, joli, avec des cheveux plutôt sombres, pouvait parfaitement correspondre. J'ai donc donné le nom […] pour le cavalier numéro C. » Il s'agit en fait d'une autre cliente qui elle a eu la vie sauve mais avait perdu ses effets personnels dans la cohue de la tuerie. « C'est pour ça que beaucoup de gens sont restés sans nouvelles de leurs proches », regrettera BC 099 lors du procès. Pour l'heure, ignorant tout de l'erreur qu'il est en train de commettre, le chef de groupe poursuit ses constatations dans le plus grand silence. « Les lieux étaient bouclés, il n'y avait pas un bruit, personne ne venait polluer la scène. La seule chose qu'on pouvait entendre, c'étaient les portables des victimes qui sonnaient. »

À la Belle Équipe, les cadavres reposent dans la rue, recouverts de plaids que les voisins ont descendus. Un militaire de *Sentinelle*, buvant un coup dans le coin, rapatrie ses frères d'armes autour du bar, file en vitesse à la mairie du 11e pour revêtir sa tenue de combat et revient commander ses troupes. Ce militaire-là a le sens de l'initiative. Il dispose poubelles et matelas dans la rue, comme autant de chicanes de fortune destinées à ralentir d'éventuelles voitures béliers.

Dans les environs du Bataclan, Kévin, le pompier qui assistait au concert, s'est fait un garrot à l'aide de la ceinture que lui a donné un autre spectateur. Conduit à un poste médical avancé, on lui administre deux doses d'adrénaline. Puis le défibrillateur pour le réanimer. « Mon cœur était en train de ralentir, j'avais perdu beaucoup de sang. Je leur ai montré que j'étais conscient, ils m'ont endormi. » Les secouristes font le tri. « Qui va mourir, qui ne peut pas attendre et qui peut attendre, résumera le général Boutinaud. Le médecin sur place dialogue avec l'état-major qui lui-même discute avec le Samu pour savoir quelle est la destination des victimes en fonction de la blessure et surtout de son siège. On ne traite pas quelqu'un qui a pris une balle dans le poumon de la même manière que quelqu'un qui l'a prise dans la cuisse. Les personnes en urgence absolue, il faut les évacuer le plus vite possible vers le centre hospitalier le plus proche. Pour les urgences relatives, ceux qui peuvent attendre entre une et six heures, on essaie de les expédier vers des blocs opératoires plus éloignés. » Arnaud, le commissaire de l'Eure, entend un médecin dire à des pompiers qu'il n'y a plus rien à faire pour certains blessés.

— J'ai demandé ce qu'il en était pour moi.

Il faut faire vite. Le médecin chef des sapeurs-pompiers, le professeur Jean-Pierre Tourtier, expliquera, en se fondant sur les statistiques de la médecine de guerre, que, après une blessure par balle, quasiment une mort sur deux survenait dans les cinq premières minutes. Dans la nuit, 653 personnes vont être hospitalisées dans différents établissements franciliens. Arnaud est évacué vers l'hôpital de Percy-Clamart, manque mourir sur le trajet. « J'avais des hémorragies et la moelle épinière ratatinée. »

Dans une ambulance, les sapeurs-pompiers ne savent pas aller à la Pitié-Salpêtrière depuis la Belle Équipe. Un ami qui accompagne dans le véhicule Jessica, une jeune femme qui fêtait ses 24 ans ce soir-là, branche son GPS. Ils traversent Paris à toute allure, sirène hurlante. L'ami guide les soldats du feu tandis que Roman, le compagnon de la jeune femme désormais entre la vie et la mort, la tient dans les virages pour qu'elle ne tombe pas de son brancard. Dans la précipitation, elle n'a pas été attachée[1].

Pour Kévin, c'est direction Bégin. Un trajet différent, mais avec la même vitesse excessive, les mêmes trajectoires tendues. Et, en plus, un accident avec un car de CRS qui fait des tonneaux… « Mais tout le monde va bien », rassurera Kévin.

Passage Amelot, Fabrice, le capitaine de la DGSI, veut rejoindre les gyrophares qu'il distingue sur le boulevard Voltaire. Mais cela impliquerait de passer devant le Bataclan et les terroristes. Alors, avec son ami Gaspard, il fait le tour du pâté de maisons. Ils sont bloqués par un barrage des forces de l'ordre qui cernent les environs de la salle de spectacle. Et la brème, la carte de police de Fabrice, est restée dans son blouson Superdry entre deux fauteuils du balcon. Le capitaine de la DGSI parlemente.

— Je suis collègue, ma femme est restée à l'intérieur…

On l'autorise à rester jusqu'à ce qu'une patrouille passe et avise cet homme en polo debout dans la rue. Les policiers le braquent, le plaquent au sol, le palpent.

— Je vais vous donner mon matricule ! Je travaille à Levallois.

La levée de doute effectuée, ils le laissent à leur tour rester dans les environs. Gaspard, simple juriste, est lui refoulé. Il rentre chez lui. Fabrice récupère une couverture de survie. Il a froid, il imagine qu'il a perdu sa femme et la petite fille qu'ils attendent. Un journaliste s'approche, un calepin à la main.

— Vous y étiez ?

1. Roman, « Je veux les voir, je veux leur dire tout ce qu'ils m'ont pris », *Mediapart*, 9 octobre 2021.

Fabrice l'éconduit. Pas envie de dire qu'il est de la DGSI, pas envie de raconter la peur qui le ronge, pas envie de dire que, connaissant d'assez près les terroristes de l'État islamique, il s'interdit l'espoir. Le commissaire Julien, son copain d'enfance, le rejoint accompagné de l'officier de la DRPP. Julien propose à Fabrice de le ramener chez lui ou au service. Il en est hors de question. Fabrice scrute chaque nouveau brancard. À la recherche de sa femme enceinte.

XXII

23 h 27. Un policier de la BRI s'approche de la porte derrière laquelle se trouvent les terroristes.

— On a appelé, ça ne répond pas. Redonne-moi ton numéro. Ils essaient de t'appeler. Ça ne marche pas, explique-t-il à l'otage faisant office d'interlocuteur.

— Relisez. Relisez le numéro de téléphone, lui demande ledit otage.

Le policier énumère :

— 06, 2, 2, 5, [...]. C'est ça ?

Avec son accent toulousain prononcé, le premier de colonne avait été mal compris quand il avait répercuté le numéro au PC opérationnel. L'erreur corrigée, le négociateur de la BRI, au calme dans l'habitacle d'un véhicule du service, téléphone. Les terroristes le rappellent deux minutes plus tard, ils réclament « une lettre signée de François Hollande avec écrit qu'il retire ses troupes en Syrie ». Ils exigent aussi que les « *snipers* », dont ils disent voir les « lasers rouges », se retirent. Si, dans les cinq minutes, ce n'est pas le cas, ils vont couper la tête d'un otage et balancer son cadavre dans la rue.

Lors d'un second échange deux minutes plus tard, le policier au téléphone prétendra avoir fait partir les « *snipers* ». Les terroristes réclament maintenant le départ de toutes les forces de l'ordre présentes à l'étage.

Le négociateur de la BRI a l'expérience de ces situations, c'est lui qui a échangé avec Amedy Coulibaly lors de la prise d'otages de l'HyperCacher. À la fin de la conversation, il téléphone à Christophe Molmy, qui est toujours dans le Bataclan.

— On n'en tirera rien, résume le négociateur, qui décrit à son taulier des terroristes « très tendus » et s'inquiétant de savoir si les chaînes d'information continue sont arrivées.

Christophe Molmy raccroche, sort de la colonne et du Bataclan pour rejoindre dans la rue le préfet de police Michel Cadot, le patron de la PJ parisienne Christian Sainte et le procureur de la République François Molins, en provenance des terrasses. Il leur expose la situation et livre son sentiment : les terroristes attendent d'avoir une tribune médiatique pour se faire sauter.

Le préfet de police à qui revient la décision donne son feu vert pour que la BRI lance un assaut. Le commissaire Molmy s'apprête à rejoindre ses hommes quand quelqu'un le rattrape par la manche. C'est Michel Cadot.

— Christophe, pensez-vous que cela va bien se passer ?

— Non, monsieur le préfet, mais si on n'y va pas, ils vont tuer tout le monde, lui répond le patron de la BRI.

Le commissaire expliquera : « On doit accepter une perte acceptable d'otages et d'opérateurs. Pour moi, l'assaut était la moins mauvaise solution mais il ne fallait pas penser que ça allait bien se passer… » L'assaut s'annonce compliqué. Dans un couloir, avec le possible effet de souffle si les ceintures explosives sont actionnées.

Les officiers de la BRI constituent leurs colonnes (il y en aura deux, une à gauche du balcon face au couloir, une autre à droite au cas où). Le commissaire Molmy prend position en fin de colonne, par solidarité avec ses hommes. Parmi eux, un policier blessé onze mois plus tôt dans l'assaut de l'HyperCacher de Vincennes. Il lève la main.

— Je ne le sens pas…

Il sort de la colonne.

Dans le Baromètre, le bistrot qui fait office de PC opérationnel, trois hauts fonctionnaires, le préfet de police, le procureur de la République et le patron du 36 quai des Orfèvres, vont suivre en direct, depuis une radio reliée à la BRI, l'assaut qu'ils ont validé.

23 h 30. Depuis le bistrot, Jacques Méric, le directeur de la sécurité de proximité de l'agglomération parisienne, s'adresse sur les ondes à son état-major.

— Il faudrait que vous puissiez m'assurer que toutes les rues adjacentes au Bataclan sont bien sécurisées. Et d'autre part pour tous les effectifs intervenants, il y a encore des individus fixés à l'intérieur du Bataclan, donc extrême prudence aux abords du Bataclan.

Guillaume, le commissaire de la BAC-N, et ses hommes, désormais inutiles à l'intérieur de la salle de spectacle, s'en vont rue Amelot où l'on dit que les tireurs se seraient réfugiés. Ils progressent immeuble par immeuble pour finir par découvrir qu'il s'agit en réalité non pas des terroristes mais de victimes qui s'étaient enfuies et se terraient chez des particuliers qui ont bien voulu leur ouvrir.

Un peu plus tôt, des passants ont alerté les policiers que des victimes se trouveraient dans les parties communes et dans les étages d'un immeuble, passage Saint-Pierre-Amelot cette fois. Une colonne se forme avec des effectifs venus des quatre coins de la petite couronne. Elle s'engage dans ce passage où un terroriste vient de faire feu à quatre reprises. À l'endroit indiqué, les forces de l'ordre découvrent cinquante-deux spectateurs valides et vingt-six personnes blessées par balle.

À leur vue, un des policiers se fige, regarde tous ces rescapés pendant quelques secondes qui s'éternisent. Celles et ceux qu'il vient secourir prennent peur. Le policier s'excuse.

— J'avais besoin de voir des vivants, leur explique-t-il.

Le commissaire qui conduit la colonne, celui venu du 15e arrondissement jusqu'au Comptoir Voltaire, rejoint le PC pour convaincre un capitaine des sapeurs-pompiers de lui déléguer une vingtaine de ses hommes qui, en théorie, n'ont pas le droit de venir dans cette zone non sécurisée. Sous l'appui-feu de la colonne de fortune, les pompiers exfiltrent les vingt-six blessés qui seront tous sauvés.

En repassant à proximité de l'issue de secours du Bataclan, le commissaire du 15e avise à l'étage au-dessus un des otages les mains en l'air. « Nous communiquons avec ce bouclier humain par des regards », dira le commissaire sans préciser ce qu'ils avaient pu échanger à travers leurs silences. Un des otages aux fenêtres racontera avoir passé la soirée « à dire aux policiers de reculer, sinon, ils allaient se faire exploser ». Ce qui lui vaut une remontrance du terroriste n° 1.

— Toi, tu parles trop. Est-ce que tu veux être le premier à y passer ?

23 h 31. Des bruits de butée et puis une voix de policier.

— Progresse. Progresse. Progresse.

La colonne d'assaut de la BRI s'ébroue en direction de la porte du couloir. Le téléphone du négociateur sonne, les terroristes veulent parler. L'assaut s'interrompt avant d'avoir vraiment débuté.

Depuis sa position de tir, THP n'est pas à son aise.

— J'ai le projecteur dans la gueule, se plaint-il à propos d'un spot situé au-dessus de la porte du couloir.

Puis il s'inquiète quand il s'aperçoit que cela bouge en contrebas, derrière la scène. Un homme « avec un calibre 12 ». Son ange gardien de la BI cherche à l'aider mais ne voit rien.

— C'est bon, c'est un collègue, il a le brassard, se rassure le tireur d'élite du RAID.

Pour tuer le temps, THP et celui qui assure sa protection parlent boutique. De collègues dans leurs services respectifs, avec lesquels l'un a fait des repérages à l'aéroport du Bourget, l'autre une qualification de tir. Ils évoquent un policier armurier, se donnent rendez-vous si tout se termine bien ce soir pour la COP21 que doit bientôt accueillir la France.

Le policier de la BI échange aussi avec un collègue de la BRI juste derrière eux, ils font le point sur les grenades à leur disposition, les *off* et les *flashs bangs*, des grenades offensives et éblouissantes. Le *sniper* du RAID insiste pour qu'on prévienne un collègue de la BRI devant eux. Le policier de la BI s'en charge :

— Si ça défouraille, ne te lève surtout pas. Je suis avec le THP RAID. Ne te lève surtout pas. T'es en plein dans son axe…

23 h 48. Un appel. Les terroristes.

— On vous a fait une faveur, vous avez pu évacuer les blessés.

Le négociateur les remercie. Et s'excuse. Il n'arrive toujours pas à joindre le premier de colonne pour lui demander de reculer. Mais, bien sûr, leur demande est prise au sérieux.

— Vous avez des radios ? Appelez-le avec votre talkie-walkie !

Avant de raccrocher, les terroristes annoncent qu'ils rappelleront « dans cinq ou vingt minutes ». Les terroristes, dans leur élocution, sont de toute évidence plus calmes. Et puis ils ne menacent plus à tout bout de champ d'exécuter un otage. Mais, pourquoi diable, se demande le négociateur de la BRI, cherchent-ils à gagner du temps ?

XXIII

23 h 50. À la Belle Équipe et au Comptoir Voltaire, des policiers des brigades criminelles de Versailles et de Lille (les plus proches de Paris) s'affairent. Il a fallu répartir les troupes sur les six scènes de crime : le Stade de France, les quatre terrasses et le Bataclan. « Nous faisons travailler des policiers qui ont l'habitude de faire des constatations complexes. Le 13 novembre, cela s'apparente à ce qu'on a pu connaître lors de catastrophes aériennes ou celle du tunnel du Mont-Blanc », confiera Philippe Chadrys, le patron de la SDAT qui supervise l'enquête. Chacune des six scènes de crime est organisée à l'identique, avec un poste de commandement et des ateliers, celui de la police technique et scientifique, celui dédié au traitement des victimes, au recueil des témoignages, à l'enquête de voisinage, etc.

Tandis que les enquêteurs versaillais poursuivent leurs constatations aux abords de la Belle Équipe, cinq policiers de la Crim' parisienne montent au sixième étage d'un immeuble situé en face du bar endeuillé. Un collègue les attend. Chez lui.

Alexandre est brigadier à la 1re DPJ en convalescence, une blessure à la jambe. Quand il a entendu les coups de feu, il s'est rendu comme il pouvait sur son balcon et, constatant ce qui se passait, a filmé sur son téléphone portable les vingt-huit dernières secondes du crime de masse. Durant ces vingt-huit secondes, un homme fusille sans précipitation les clients de la Belle Équipe. Il porte des baskets de couleur orange. On voit aussi un second terroriste, en jean semble-t-il. Puis les tueurs remontent dans leur véhicule et repartent. N'arrivant pas à joindre le 17 saturé, Alexandre a appelé directement l'état-major de la police judiciaire parisienne. Face à ses collègues de la Crim', il précise ce qu'on ne voit pas sur sa vidéo. Il pense que les terroristes étaient trois.

23 h 55. Le capitaine Xavier Vo Dinh se précipite sur l'esplanade devant la porte D du Stade de France. Il est accompagné d'un de ses hommes de la brigade criminelle, d'une capitaine de la PJ de Seine-Saint-Denis, d'un dessinateur, d'un photographe, de deux dactylo-techniciens de l'identité judiciaire et de deux techniciens du laboratoire central de la préfecture de police spécialisés en explosifs. Le chef de groupe de la Crim' et son équipe franchissent le cordon de sécurité gardé par des CRS. Il y a urgence. Il convient d'identifier le kamikaze et si possible préserver les matières volatiles constitutives de son engin explosif.

Les policiers ignorent le cadavre du chauffeur d'autocar venu de Reims qui se trouvait au comptoir d'une buvette. La première victime de cette nuit qui va en compter 130 est morte d'un écrou qui lui a perforé le poumon. Il n'y a plus rien à faire pour ce malheureux. Le capitaine Xavier Vo Dinh se focalise sur le corps déchiqueté du terroriste. Le dos et le ventre sont aux abonnés absents, une jambe ne tient plus qu'à un fil, celui du pantalon. Un fémur est sorti, un bras manque à l'appel (il sera retrouvé à l'intérieur d'un restaurant), un os repose le long de la grille du stade, à une vingtaine de mètres de son propriétaire.

Les dactylo-techniciens prennent les empreintes de la main restante et les envoient aussitôt par porteur à l'identité judiciaire. Dans la poche droite du jean du terroriste, les enquêteurs saisissent un morceau de papier chiffonné sur lequel figurent des numéros de téléphone turc et américain.

À côté de son pied droit, un passeport de la République arabe syrienne au nom d'Ahmad al-Mohammad. Avec précaution, les policiers soulèvent la tête qui était face contre terre. Du sang macule le visage qui a été préservé des ravages causés par la ceinture explosive. Le visage correspond à celui de la photo sur le passeport. Le photographe de l'identité judiciaire fait quelques portraits du défunt. La police a désormais un nom et une photo à mettre sur la liste d'assassins dont le nombre précis n'est toujours pas connu.

Personne n'y prête attention alors, à Saint-Denis comme à Paris, mais ce vendredi 13 est désormais sur le point de finir. Dans cinq minutes. La nuit la plus noire continue à se propager au Bataclan vers lequel se tournent désormais tous les regards.

XXIV

Minuit. Derrière la porte, quelqu'un gueule aux otages de reculer. Les policiers s'imaginent que c'est un terroriste.

— Putain, arrose la porte ! s'emporte l'homme de la BI.

— Je pourrais, mais je ne sais pas ce qu'il y a derrière... tempère le *sniper* du RAID.

Leur vue est partiellement bouchée par l'arrivée du Ramsès, un bouclier lourd sur roues mesurant un mètre quatre-vingts de haut sur soixante-dix centimètres de large, muni d'un blindage résistant aux plus gros calibres.

Un opérateur de la BRI appelle THP RAID.

— Tu m'entends ? Quand on va donner l'assaut, tu peux shooter la caméra qu'il y a au-dessus[1] ?

— Tu veux la caméra ?

— Ouais, parce que j'ai peur que [les terroristes] l'utilisent sinon.

— OK, reçu. Tu me donnes le top, hein ?

— Ouais, je te donne le top caméra, reçu ?

0 h 05. La BRI s'apprête à lancer l'assaut quand le téléphone du négociateur sonne. L'assaut est retardé, le policier décroche. Les terroristes lui communiquent un nouveau numéro de portable. Le téléphone précédent arrive en fin de batterie.

1. L'éclairage au-dessus de la porte.

0 h 18. THP RAID reçoit « le top caméra ». Un coup de feu retentit. THP crie :

— Y a plus de caméra ! Y a plus de caméra !

L'assaut peut commencer. Les hommes de la BRI avancent à l'abri de Ramsès. Un engin à manier avec précaution.

— Poussez pas, les gars ! Poussez pas ! Doucement, les gars ! ordonne le premier de colonne.

THP conserve sa position de tir.

— Si jamais il ouvre la porte, je le fume, promet-il à propos d'un terroriste.

Justement le négociateur téléphone aux assassins qui lui demandent ce que c'est que ce bruit. « Des brancardiers en train d'évacuer les blessés », jure-t-il. De toute façon, ils ne doivent pas s'inquiéter, on ne les attaquera pas tant que les otages sont là.

Pendant que le négociateur fait ces promesses, la colonne de la BRI est arrivée devant la porte qui leur résiste. Des otages ayant peur de mourir dans l'assaut bloquent l'accès. Les policiers fournissent leur effort.

— Allez, on pousse ! Allez ! Allez !

Dans le local technique, Émilie, la femme enceinte du capitaine de la DGSI, entend la tension dans la voix d'un terroriste qui ordonne aux forces de l'ordre « Reculez de la porte ! On a des ceintures ! On va se faire sauter si vous approchez ! » La femme enceinte perçoit la peur dans les mots d'un otage qui implore « Reculez, reculez ! Ils ont des ceintures, ils vont tous nous faire sauter… » Émilie se bouche les oreilles pour ne plus entendre les otages crier. Ce n'est pas suffisant. À travers la cloison, elle pense entendre un terroriste dire « On a même un flic en otage ! » Et si c'était Fabrice ? Émilie s'en persuade, panique. « Je me suis dit que c'était foutu… » La notion du temps s'abolit. Ne reste que le bruit sourd de l'action de la BRI à l'autre bout du couloir.

Les policiers ont réussi à ouvrir la porte. Le terroriste le plus petit hurle. Il est réduit à l'impuissance, sa kalach s'est enrayée. Le terroriste le plus grand riposte. Vingt-sept fois. Il fait mouche vingt-six fois dans Ramsès. La vingt-septième balle ricoche contre le mur et touche à la main le sixième de colonne. Malgré leur blessé, les opérateurs de la BRI continuent d'avancer. Des grenades sont lancées, une fois, deux fois. Les terroristes et les derniers otages sont sonnés.

— Encore, encore ! On court, on court ! s'encouragent les policiers.

On n'y voit plus grand-chose avec les grenades aveuglantes qui remplissent leur office. Le premier de colonne rate trois petites marches, le bouclier de quatre-vingts kilos lui échappe des mains et bascule en avant sur Caroline, l'otage atteinte d'une maladie neuromusculaire. Les policiers sont à découvert. Ils lancent une troisième grenade. Les terroristes abandonnent leurs kalachnikovs et se replient au fond du couloir. Le plus petit, celui avec des cheveux longs et une barbe, fouille dans ses poches et actionne sa ceinture explosive en tombant dans l'escalier au bout du couloir.

Dans le local technique, le béton tremble sous les pieds d'Émilie, le crépi des murs vibre. Puis un grand silence. Puis une détonation, plus proche.

L'effet de souffle a sonné le complice du kamikaze. Le second de colonne croit voir le grand terroriste aux cheveux courts et à la barbe rase palper son gilet. Cherche-t-il son détonateur ? Le second de colonne lui loge une balle en plein cœur.

C'est fini.

DEUXIÈME PARTIE

À la recherche des âmes perdues

I

Samedi 14 novembre, 0 h 22. Les derniers terroristes sont morts dans les premières minutes du 14 novembre. Mais il reste des otages. L'un a été projeté en l'air par l'explosion de la ceinture du terroriste n° 2, l'autre a été criblé d'éclats dans le dos mais, par miracle, de manière superficielle.

Dans le brouillard de poussières, un opérateur de la BRI marche sur la tête de Caroline, la femme aux douleurs neuromusculaires, déjà écrasée par le poids du Ramsès. Son compagnon hurle au flic :

— Dégage, dégage !

Un policier le met en joue et lui ordonne de se lever.

— On est des otages, lui répond celui qui relayait les desiderata des terroristes à travers la porte.

Il tend la main vers sa femme mais quelqu'un le soulève et l'extrait du couloir.

Des 11 spectateurs qui ont passé près de deux heures et demie avec les assassins, l'avant-dernier à être sorti est David, celui qui avait eu momentanément la vie sauve parce que chilien. Des mains l'attrapent par les cheveux et la ceinture. « Je vois des rangers, des hommes en noir et je distingue une tête sous une masse noire, le bouclier, c'est la tête de Caroline », racontera celui qui était alors barman. Il se débat entre les mains policières, parvient à soulever le Ramsès.

— Qu'est-ce qu'elle fait là elle ? Pourquoi elle ne bouge pas ? entend la femme handicapée.

Elle est conduite par un sapeur-pompier à l'extérieur du Bataclan où, en la voyant, son compagnon éclate en sanglots.

— Mais on est vivants, on est vivants, le console-t-elle.

Reste encore du monde dans les recoins du Bataclan. Dans le local technique sous l'escalier s'étaient réfugiés une dizaine de spectateurs, dont Émilie, la compagne du capitaine de la DGSI.

— Tout le monde dehors, les libère un opérateur de la BRI en ouvrant la porte.

Les survivants sont roulés en boule les uns sur les autres, un homme tient à la main un extincteur, pour se défendre. Émilie entend quelqu'un crier « c'est bon, c'est fini ». Elle voit des canons d'armes pointés sur elle. Elle se lève, mains en l'air.

Reste une épreuve : le cadavre du terroriste n° 1 est devant la porte de la loge. Son gilet explosif est toujours sur lui, intact. Un démineur de la BRI s'allonge sur le mort, faisant écran de son corps pour permettre aux survivants d'enjamber sans risquer d'arracher un fil du gilet funeste. Les rescapés du local technique sortent un par un, mains en l'air, et découvrent la cage d'escalier tapissée de chair humaine. Émilie glisse sur un os, se rattrape à la rambarde maculée de sang.

Deux étages plus haut, une jeune femme de 24 ans avait défoncé à coups de poing le faux plafond en Placoplâtre en pensant à *GoldenEye* et James Bond. Elle avait ensuite grimpé, rampé au milieu des fils électriques. Et cinquante autres spectateurs l'avaient suivie dans les combles. Lors de l'assaut de la BRI, ils ont entendu les rafales d'armes automatiques, ont ressenti sous leurs pieds le souffle de l'explosion du kamikaze. Jusqu'à ce qu'une lampe au bout de l'arme d'un policier ne les délivre. Eux aussi, une épreuve les attend encore.

— On va redescendre, ne regardez pas, les prévient-on.

« Mais ce n'est pas possible parce que la mare de sang, elle est colossale, elle est noire », se souviendra la mère d'une petite fille. « Et les cadavres, on n'imagine pas le volume que représentent tous ces corps enchevêtrés, poursuit-elle. Des gens qui, deux heures plus tôt, étaient en train de boire des coups et de danser. En bas, on nous fait avancer en file indienne le long du bar. On essaie de ne pas marcher sur les corps tombés devant le bar. C'est assez étroit. On n'y arrive pas. On essaie de les enjamber, parfois on marche dessus. »

— Avancez, il n'y a plus rien à faire…

En avançant, un autre rescapé songe au mythe d'Eurydice et Orphée. « On sort des enfers. Il ne faut pas regarder. Et on regarde quand même. »

Les derniers spectateurs sont évacués.

— Est-ce qu'on a les otages, là ? s'inquiète un policier.

— Oui, ils sont descendus, le rassure un autre.

Il est minuit vingt-cinq. Dans trois quarts d'heure, les hommes de la BRI passeront au 36 se délester de leur équipement avant de rentrer chez eux. « Le soir du 13, nos familles nous ont vus partir. Il fallait les rassurer », confiera Christophe Molmy.

0 h 28. Les terroristes ont été tués, les survivants palpés et amenés aux secours. Hagard, Michel, le gardien de la paix, retrouve ses collègues de la BAC-N devant le Bataclan. Pas un mot. Ils ont du mal à réaliser. « Puis on nous réquisitionne pour faire la circulation… » Michel, couvert de sang, et un collègue, avec des lambeaux de chair sur lui, orientent les voitures.

Fabrice, le capitaine de la DGSI, ignore toujours si Émilie est vivante ou non. Julien, le patron de la cellule Allât, avise Georges Salinas, le n° 2 de la BRI.

— Où avez-vous mis les vivants ? lui demande-t-il.

— On les a regroupés dans deux cours d'immeuble.

Fabrice se rend dans la première. Une femme crie, tombe dans ses bras. Émilie. « La retrouver saine et sauve, c'est un soulagement. Cela faisait trois heures que je voyais des cadavres. On s'est pris dans les bras, on a pleuré. » Le tout sous le regard de son ami d'enfance, le commissaire Julien. « C'est pour ça que j'ai une vision faussée du 13. Contrairement à tous les malheureux qui ont perdu des parents, le début de drame que j'ai vécu s'est bien terminé pour mes proches. » Les clés de l'appartement du couple sont restées au Bataclan, alors Julien conduit Fabrice et Émilie à son propre domicile dans le 10e arrondissement puis il repart à Levallois, rejoindre la cellule Allât.

Les sapeurs-pompiers peuvent maintenant accéder à la salle de spectacle. Le général Boutinaud entre avec une quarantaine d'hommes pour vérifier s'il reste des vivants parmi les morts. Dans la fosse, il entend des téléphones grésiller. « Je me rappelle ce portable dans la poche d'un cadavre, racontera-t-il. "Maman" se lisait sur l'écran à travers la poche. Vous ne pouvez pas imaginer le nombre de fois où j'ai pensé à cette mère. Ce sont des moments extrêmement durs. Extrêmement durs… » Des mots qui feront écho à ceux de François Molins. « Je n'oublierai jamais cette dame, les cheveux coupés au carré, la tête posée sur un sac à main, et ce téléphone portable qui sonnait, sonnait. Je ne sais pas si je n'arrivais pas à y croire ou si je ne voulais pas y croire… »

Quand Philippe Boutinaud sort du Bataclan, il va voir Bernard Cazeneuve. Il lui annonce :

— On vient de compter soixante-dix morts dans la partie basse.

Le ministre de l'Intérieur répète deux fois « soixante-dix » puis, derrière ses lunettes d'écaille, ferme les yeux. Le matin de ce 13 novembre, Bernard Cazeneuve avait été s'entretenir avec les collègues de Clarissa Jean-Philippe, la policière municipale de Montrouge tuée lors des attentats de janvier.

Un peu plus loin, rue Oberkampf, les postes médicaux installés dans des cours d'immeuble deviennent rapidement trop exigus. Avec, pour les secouristes, un réel sentiment d'insécurité. Le professeur Pierre Carli, le patron du Samu, racontera cette voiture entrée dans le périmètre d'un poste médical avancé et ses équipes, imaginant le pire, se réfugiant sous un porche.

Et, dans cet environnement si peu sécurisé, on annonce la venue de François Hollande. « Quand j'apprends que le président de la République va venir, je me souviens avoir pensé qu'en termes de sécurité c'était une ânerie, me confiera François Molins. Pour autant, je comprends très bien le souci d'un président de vouloir montrer qu'il est présent. Et puis, moi aussi, avec le recul, je prends un risque en allant là-bas, dans les conditions où j'y vais. Mais le chef doit donner l'exemple. »

Parmi les badauds, un terroriste, plus sûrement deux, les derniers membres du commando des terrasses, assistent au ballet des secours et de l'intervention policière alors en cours. Le chef opérationnel du commando de tueurs est venu se repaître du spectacle morbide de la détresse d'inconnus sur les scènes de crime. À la fin de l'assaut de la BRI, il s'en est allé. Une heure avant que le président de la République n'arrive.

1 heure. Quand Dimitri Zoulas parvient à joindre son contact à la direction anti-terroriste grecque, ce dernier lui adresse ses condoléances pour ce qui vient de survenir à Paris et l'assure de son soutien dans ces moments difficiles, il pourra lui demander... Dimitri Zoulas le coupe. Justement il a quelque chose à lui demander.

Le commissaire Zoulas est l'attaché de sécurité intérieure auprès de l'ambassade de France en Grèce, autrement dit l'officier de liaison de la police française chez les Hellènes.

Vendredi soir, il était à un dîner mondain, entre expatriés, chez le premier conseiller de l'ambassade de France, dans une banlieue résidentielle d'Athènes. Sa femme est sortie de son côté, alors le policier est accompagné de leur bébé âgé de trois mois qui dort dans son couffin. Les invités sont passés au salon pour le digestif quand Dimitri Zoulas reçoit un coup de fil d'un ami parisien qui lui demande conseil. Se baladant dans le 10e arrondissement, ce dernier a entendu des rafales de coups de feu et a trouvé refuge dans un restaurant. Que doit-il faire ? Depuis la Grèce, le policier lui conseille d'éteindre les lumières du restaurant, de mettre les téléphones sur silencieux et d'attendre. À Athènes, la soirée mondaine s'est interrompue, on a allumé TV5. Dimitri Zoulas s'isole sur le balcon du premier conseiller de l'ambassade.

Officiellement, personne n'attend rien de lui. « Un soir pareil, tout le monde se contrefiche d'un attaché de sécurité intérieure à l'autre bout de l'Europe », dira-t-il.

Le quadragénaire Zoulas a une réputation certaine au sein de la maison police. Celle d'être un empêcheur de tourner en rond. Toujours à faire des rapprochements entre deux affaires a priori sans lien évident. Depuis son poste d'Athènes, il inonde de demandes de vérifications ses collègues à Paris. Et justement, cette nuit-là, Dimitri Zoulas fait un rapprochement.

« Il ne fallait pas être grand clerc pour deviner que les terroristes, s'ils étaient venus de Syrie, étaient passés par la Grèce », résumera-t-il. Là où, en 2014, 77 000 migrants avaient transité dans le pays, on en est déjà à 650 000 depuis le début de l'année 2015. Débordées, les autorités grecques se bornent à gérer le flux, comme elles le peuvent, avec des contrôles a minima. Ce qui n'a pas échappé à l'État islamique.

Dimitri Zoulas téléphone à de vieilles connaissances à Paris. Il a été durant sept ans à la SDAT, puis le premier chef du SIRASCO[1], il connaît du monde. Il appelle des collègues dans les différents services dédiés à la lutte anti-terroriste. Pour obtenir les premières informations sur les assassins.

Certains, pressés, lui raccrochent au nez, « J'ai des constatations en cours. » D'autres répondent : « J'ai mais je ne peux pas te donner… »

Enfin, un collègue lui chuchote un prénom et un nom, ceux qui figurent sur le passeport de la République arabe syrienne retrouvé à côté du cadavre d'un kamikaze du Stade de France.

Ahmad al-Mohammad.

— Ce n'est pas moi qui te l'ai donné…

Dimitri Zoulas tiendra la promesse faite à son collègue. Dans un mail adressé quelques heures plus tard à diverses directions place Beauvau, il écrira un elliptique « Il était permis d'apprendre que les enquêteurs français avaient découvert sur le lieu de déflagration de la ceinture explosive un passeport syrien » avant de décrire beaucoup plus longuement les actes d'enquête que cela déclenchera de son côté.

Car, une fois obtenu ce premier élément matériel, l'officier de liaison français s'autorise à appeler au milieu de la nuit son contact à la direction anti-terroriste grecque. Les deux hommes partagent une passion commune pour la pêche sous-marine et surtout ont l'habitude de travailler ensemble. Depuis un an, ce sont une cinquantaine de renseignements qu'ils ont échangés à propos de filières djihadistes diverses et variées. Alors Dimitri Zoulas communique l'identité présumée du kamikaze et demande au commissaire grec de le passer au crible de ses fichiers, surtout celui recensant les étrangers enregistrés sur le territoire national. Son interlocuteur lui promet de le faire et raccroche.

1. Le service d'information, de renseignement et d'analyse stratégique sur la criminalité organisée, créé en 2009 et dont la mission consiste à dresser un état des lieux des groupes criminels en France.

2 heures. L'aréopage de président de la République, de ministres et d'officiels divers et variés est maintenant parti. Steven, un brigadier du 2e district de police judiciaire (DPJ), entre dans la Polo Volkswagen stationnée à l'angle du boulevard Voltaire et du passage Saint-Pierre-Amelot. Il y a deux Polo suspectes aux abords du Bataclan. Une blanche et une noire. Steven et son collègue s'attaquent d'abord à la noire.

Les deux policiers ont déjà passé la plaque d'immatriculation à Eucaris, le fichier européen des cartes grises. Ils savent donc que la Polo noire est un véhicule de location qui appartient à une agence située en périphérie de Bruxelles. À l'intérieur, ils trouvent : un ticket de contravention sous l'essuie-glace, un extincteur au pied du siège passager, les papiers du véhicule et un GPS dans la boîte à gants, deux vestes, un mouchoir, un bonnet et un sac à dos contenant un couteau de cuisine sur la banquette arrière. Ils ratent parmi les papiers du véhicule, dans une trappe à l'intérieur de la boîte à gants, un contrat de location au nom d'un certain Salah Abdeslam.

3 h 30. Les effectifs de la BAC-N qui ont assuré jusque-là des « levées de doute » à propos de fausses alertes sont libérés de leur service. Guillaume les regroupe sur la voie publique. Ils rentrent tous ensemble à leur caserne, boulevard Bessières où ils passent le reste de la nuit à discuter, se réconforter.

Tous les commissaires présents au Bataclan font de même. « Nous avons fait un premier débriefing à chaud, au cours duquel chacun a pu partager ses émotions et ce qu'il avait vécu, racontera un taulier. Mes gars étaient très marqués, couverts de sang et de débris humains. Ils avaient de l'événement des perceptions – sonores, visuelles, olfactives – assez différentes, mais apocalyptiques. »

La préfecture de police va mobiliser des psychologues durant la semaine suivante. Dans le 2e district, en charge de l'Est parisien, tout le monde retourne travailler ce samedi « de manière à parler et à échanger les uns avec les autres ». Les fonctionnaires de ce secteur ont vécu les attentats de janvier et maintenant ceux de la veille.

Une heure et demie après être rentré à Bessières, un appel à volontaires est lancé pour monter une nouvelle colonne d'assaut, encore boulevard Voltaire où un terroriste aurait été aperçu. Il s'agit en fait d'un forcené armé d'un pistolet Glock qui menaçait son voisin. Michel, le gardien de la paix, désarme et menotte le suspect de manière peu réglementaire. « Je ne cache pas que j'ai perdu un certain contrôle... »

À 6 heures, les policiers de la BAC du Val-de-Marne se présenteront au 1er district de police judiciaire de Paris pour témoigner sur procès-verbal. À 8 heures, ce sera au tour de Guillaume, qui, eu égard à son grade, est entendu par son homologue du 1er district. Une audition brève, trente minutes, deux pages. « Au petit matin, tout le monde est rentré chez soi », conclura le commissaire de la BAC-N lors de son audition devant la commission d'enquête parlementaire. Et après ? « On a essayé de revivre comme avant. »

4 h 12. François Molins passe un coup de fil à son homologue belge, Frédéric Van Leeuw. À propos de la Polo noire du Bataclan qui aurait été louée dans les environs de Bruxelles. Le procureur fédéral prend bonne note. Ses magistrats vont aller au renseignement.

Le procureur de la République de Paris est lui retourné au palais de Justice pour constater que la cellule de crise mise en place fonctionne. Une permanence de trente-neuf magistrats et onze greffiers qui vont se relayer durant onze jours, vingt-quatre heures sur vingt-quatre. Puis François Molins rentre chez lui dormir quelques heures. « Enfin dormir... C'est un grand mot.

Je me suis allongé. Après avoir vu des horreurs comme cette nuit-là, on ne dort pas. »

Les horreurs et les idées se bousculent. Le procureur voit les problèmes apparaître, administratifs, logistiques, juridiques. Peut-être songe-t-il déjà à ce qu'il va dire lors de sa prochaine conférence de presse, les mots qu'il faudra trouver pour décrire ce qui ne peut pas l'être. Pour répondre à l'anxiété collective suscitée par l'événement. « En objectivant les faits, en mettant des mots sur les drames et en expliquant ce que vous faites, les gens ont pu effectivement, à un moment donné, se raccrocher à ça, reconnaîtra-t-il bien plus tard. Et, par la suite, nous avons intégré cette dimension dans la construction de notre stratégie de communication. » Mais on n'en est pas encore là.

Dans son lit, François Molins se répète que l'attentat n'est pas terminé. D'après les premiers témoignages recueillis, deux membres du commando des terrasses seraient dans la nature.

Tandis que le procureur de la République s'abîme dans ses sombres réflexions, dans toutes les casernes parisiennes, des sapeurs-pompiers réapprovisionnent les véhicules de la brigade en brancards, pansements hémostatiques et garrots tourniquets. En cas de nouvelles attaques.

Dans le réfectoire de la Pitié-Salpêtrière où patientent les familles et où les médecins viennent les informer de l'état de leurs proches hospitalisés, Roman est appelé à son tour[1]. Sa compagne Jessica, la jeune femme qui fêtait ses 24 ans à la Belle Équipe, est stabilisée, les prochaines heures vont être charnière… Elle a été traversée par dix balles, trois sont encore dans son corps. Les deux jambes, le bassin, le ventre, la hanche droite détruite totalement, la cheville, le dos, le pied gauche : la liste de ses blessures fait plus de deux pages. Mais elle est encore en vie, et c'est une sorte de miracle.

1. Roman, « Je veux les voir, je veux leur dire tout ce qu'ils m'ont pris », *ibid.*

La première victime transférée est décédée en arrivant à la Pitié, Jessica a été la seconde à être amenée. Elle a été prise en charge par le Dr Yann Loncar, le grand frère d'une des meilleures amies de Jessica qui était avec elle à la Belle Équipe. Il l'ignore encore mais sa sœur a été elle aussi grièvement blessée. Avec ses collègues, le médecin réanimateur a opéré Jessica et lui a sauvé la vie[1].

À l'hôpital Georges-Pompidou, Amandine, la trentenaire tirée du Bataclan à bout de bras par le commissaire de la BAC-N, est conduite au bloc opératoire. Le personnel médical est aux petits soins. Eux aussi en état de choc. « Tout le monde me regardait. Le chirurgien m'a dit qu'on allait tout faire pour sauver ma jambe[2]. » L'anesthésiste lui caresse la joue. En plus des blessures au tibia et au bras, les chirurgiens lui découvrent un projectile dans le bassin. Plusieurs opérations seront nécessaires. Des greffes osseuses et de peau. Mais ils vont sauver sa jambe. Amandine remarchera. Avec une béquille. Quelques jours plus tard, un policier aux yeux bleus demandera à la voir. Celui à qui le commissaire de la BAC-N l'avait confiée et qu'elle avait surnommé « Mon sauveur ». Il viendra la voir « alors que le protocole l'interdisait », après avoir fait le tour des hôpitaux. « J'étais le seul visage dont il se souvenait. Il voulait savoir si j'étais en vie. »

5 heures. Rentré du Cameroun, Bernard Bajolet, lunettes rectangulaires et bouc toujours bien taillé, préside une réunion à Mortier, le siège des services secrets français. Il fixe comme priorité à ses hommes de neutraliser l'ensemble de la chaîne de commandement de l'organisation terroriste qui a piloté la tuerie parisienne. Il faut empêcher que d'autres attentats ne se

1. Jessica, « Les douleurs neuropathiques sont les seules terroristes de ma vie », *Mediapart*, 17 octobre 2021.

2. Karl Laske, « Les mots ne seront pas suffisants », *ibid.*

produisent. Les visages sont graves, marqués. Ce qu'ils redoutaient est arrivé. « Nous savions qu'un ordre avait été donné de frapper l'Europe, plus particulièrement la France, que des opérationnels avaient été sélectionnés et s'entraînaient dans ce but. Nous connaissions plusieurs de ces acteurs et pourtant nous n'avons pas pu entraver cet acte », regrettera le patron de la DGSE, martelant « le sentiment d'échec qui est le [sien] ».

Un de ses agents décrira « le contre la montre » qui s'était joué depuis l'été, les informations à extraire des flux de données qui finissaient par montrer que quelque chose était en train de se passer, que des individus étaient en train de bouger, de traverser l'Europe, mais avec toujours deux, trois semaines de retard sur les terroristes. Deux, trois semaines qui ne seront jamais comblées.

Au lendemain de la tuerie du musée juif de Bruxelles au printemps 2014, la DGSE avait recensé dans une note les Français représentant, selon elle, un danger. Y figurait, un an et demi avant le Bataclan, un des trois futurs kamikazes. Quand les dix membres du commando du 13 seront identifiés, le service secret français comprendra qu'il travaillait déjà sur sept d'entre eux.

« On se demande si on a loupé quelque chose et on se dit : plus jamais ça », résumera un autre agent secret. Tous les moyens possibles sont mobilisés. Certaines techniques de renseignement en cours sur des suspects sont interrompues pour les mobiliser sur le seul dossier des attentats parisiens. La sous-direction de la surveillance de la DGSI et la direction des opérations de la DGSE s'associent pour pratiquer dans l'urgence des « introductions dans un lieu privé », c'est-à-dire l'entrée dans un domicile ou un véhicule, à l'insu du propriétaire et des occupant pour y installer une balise de géolocalisation, des micros, des caméras. Cela va se faire d'abord en France, sur des proches des suspects, puis sur des cibles à l'étranger.

Les agents de la DGSE font du zèle. « Il faut presque freiner les gens, qu'ils restent résilients sur la durée, sinon ils resteraient tous vingt-quatre heures sur vingt-quatre au service », dira Bernard Bajolet.

Aux abords du Bataclan, des bris de verre jonchent le sol. Sur la façade, les Eagles of Death Metal s'annoncent en lettres capitales. Alors qu'il s'apprête à pénétrer dans la salle de concert, le commandant Patrick Bourbotte, vieux routier de la brigade criminelle, croise deux collègues de la BRI. Ces policiers, qui viennent d'éliminer les deux derniers terroristes ayant endeuillé la salle de spectacle, le mettent en garde :

— Bonne chance ! Vous allez vivre dans l'horreur durant des heures…

Près de six années plus tard et malgré ses vingt ans de service à la Crim', la voix de Patrick Bourbotte tremble encore à l'évocation de cette nuit et de ce qu'il y a vu. Crâne rasé, yeux bleus, costume gris, cravate noire, le gradé s'excusera, lors de sa déposition au procès des attentats, « si transparaît çà et là un peu d'émotion » contraire à ce que doit être à ses yeux la déposition d'un officier de police judiciaire, mais « les événements sont tellement particuliers, tellement hors norme ».

Cette nuit d'effroi a débuté pour Patrick Bourbotte par une longue attente aux abords de la salle de concert. Le quartier est « sanctuarisé », seuls les véhicules de secours et les policiers peuvent y circuler. Avec ses hommes, le commandant de la Crim' stationne « très en amont » dans la rue Oberkampf. Il est 23 heures. Les enquêteurs savent juste qu'une prise d'otages est en cours et qu'il y a déjà quinze décédés. Ils vont attendre plusieurs heures avant de pouvoir pénétrer dans le Bataclan. Et c'est parfaitement normal, précise Patrick Bourbotte. « Lorsque la brigade criminelle est saisie sur une scène de crime, elle n'arrive jamais la première. La priorité, ce sont les secours. »

En attendant, dans la rue, c'est le chaos.

Des victimes crient, hurlent. Certaines restent prostrées sur le trottoir. Le commandant raconte un corps retrouvé dans une laverie automatique, six autres « tous impactés balistiquement » dans une chapelle ardente.

Et soudain, cette rumeur. Des terroristes seraient sur le toit du Bataclan. Arme au poing, le commandant de la Crim' et ses hommes confinent les gens dans des cafés, calfeutrent « tant bien que mal » les vitrines. Puis l'alerte est levée. Il s'agissait de spectateurs qui s'étaient réfugiés là-haut.

Puis, la BRI neutralise les deux derniers terroristes. Mais la brigade criminelle ne peut toujours pas entrer dans le Bataclan. Il faut que les démineurs procèdent à la levée de doute (c'est-à-dire s'assurent que la salle n'a pas été piégée), ils doivent désactiver et amener à fin d'expertise l'unique gilet explosif à ne pas avoir explosé ce soir-là. Puis un cortège officiel est annoncé. Il arrive aux alentours de 2 heures du matin, dans le souvenir du commandant, qui ne trouve rien à redire à la présence du président de la République, des ministres de l'Intérieur et de la Justice, de la maire de Paris... mais qualifie de « déplorable » l'arrivée de tous ces conseillers ministériels qui piétinent sa scène de crime.

En attendant, les enquêteurs de la brigade criminelle s'affairent aux premières constatations à l'extérieur de la salle de concert. Trois corps gisent devant le Bataclan. Deux corps passage Amelot. Et les « reliquats » des affrontements armés entre les terroristes et la police. Boulevard Voltaire, un véhicule de pompiers impacté à cinq reprises.

À 5 heures du matin, la brigade criminelle peut enfin démarrer ses constatations à l'intérieur du Bataclan. Passé l'entrée et le vestiaire où s'entreposent des effets personnels qui fourniront des indices pour identifier les victimes, le commandant Bourbotte, chargé de coordonner l'examen de la scène de crime, débouche sur un spectacle « assez indescriptible mais il faut bien le décrire ».

« L'ambiance est saisissante. Lugubre. Une grande lumière blanche descend, qui rend l'endroit blafard. C'est un endroit très haut, un aspect de cathédrale. Les corps sont enchevêtrés. On n'avait jamais vu ça... On n'avait jamais vu ça... Nous marchons dans du sang coagulé, au milieu de morceaux de dents, de téléphones qui vibrent. Il y a des corps, et des corps et des corps et des corps. » La voix du gradé de la Crim' s'étranglera six ans plus tard lorsqu'il livrera son témoignage au procès.

71 personnes sont décédées dans la salle ce soir-là et 19 aux abords ou à l'hôpital. Dans le Bataclan, des cadavres reposent allongés, certains sur le dos, d'autres sur le côté. Partout des traînées de sang. Au milieu de la fosse, dérisoire et abandonné, un sac à main.

Cela ne fait pas dix minutes qu'il est dans la salle de spectacle que le téléphone du commandant Bourbotte sonne à intervalles réguliers. On lui demande – il ne précisera pas qui – si telle ou telle personne figure parmi les victimes. Il éconduit ses interlocuteurs. « Je comprends mais ce n'est pas notre vocation. »

Face à l'ampleur de la tâche, la dissémination des corps et des indices, la brigade criminelle découpe la scène de crime de la zone A à la zone K. Dans chacune, un groupe a la charge des constatations. Que des enquêteurs expérimentés, qui ont l'habitude « du macabre ». Pas « des policiers financiers n'ayant pas l'habitude de travailler sur des scènes de crime ».

Ensuite, « c'est Sherlock Holmes avec sa loupe ». Sauf que ce soir-là il s'agit d'autopsier un massacre. Les enquêteurs vont recenser dans la salle de concert 250 étuis de cartouches 7,62. Le calibre des kalachnikovs.

Commencé à 5 heures du matin, ce travail de fourmi mené par une cinquantaine de policiers va durer jusqu'à la fin de l'après-midi. Il va permettre de retrouver un dictaphone abandonné par un spectateur entre deux rangées de sièges au balcon de la salle de spectacle. Dans sa mémoire, trois fichiers audio qui représentent deux heures, trente-huit minutes et quarante-sept secondes d'enregistrement qui seront exploitées par un brigadier-chef de l'identité judiciaire. La bande-son de l'attentat au Bataclan. « L'agent qui a procédé à cette retranscription entend encore aujourd'hui le son des voix, des cris, des coups de feu », précisera Patrick Bourbotte qui lui se souvient des toilettes pour dames où « le bleu-vert du sol disparaît sous le rouge-marron du sang séché… ».

Sur la scène, une « tête désolidarisée de tout corps, arrachée à la base du cou », celle du terroriste dont la ceinture a explosé après avoir été touchée par les deux policiers de la BAC-N. Les traits du visage sont intacts. Les enquêteurs de la brigade criminelle le photographient et diffusent aussitôt son portrait. Le terroriste n° 3 sera rapidement identifié.

Les criminels sont priorisés, par rapport aux victimes décédées, afin d'interpeller leurs éventuels complices et éviter un nouvel attentat. La Crim' va mettre huit heures à passer au peigne fin l'escalier où le terroriste n° 2 a actionné sa ceinture explosive et où son complice, le terroriste n° 1, a été abattu par un policier. Des projections de sang jonchent les murs, tous les murs, et même le plafond. Les marches sont couvertes de débris humains. En bas de l'escalier, les jambes du terroriste n° 2, sectionnées par sa ceinture explosive.

En début d'après-midi, ce sera fini, mais le cauchemar ne fait que commencer pour les enquêteurs de la Crim'. Ils vont retourner quotidiennement au Bataclan durant deux mois. Pour ne rater aucun indice et ne pas oublier une victime. « Cette nuit-là, c'était ma hantise de passer à côté d'une victime blessée qui se serait mise dans un trou de souris et serait décédée dans un endroit auquel nous n'aurions pas pensé. Il y a tellement de recoins », confiera Patrick Bourbotte. La scène du Bataclan sera montée sur vérin pour regarder en dessous.

Dans la matinée du 14 novembre, Patrick Bourbotte se rend dans un local administratif du Bataclan, boulevard Voltaire, parce qu'un dirigeant de la salle veut y accéder. Quand il ouvre, le commandant découvre le corps d'un homme mort, sous une couverture de survie. Était-il encore vivant ou déjà décédé lorsque la cinquantaine de personnes ont été évacuées de ce local où elles s'étaient réfugiées ? Une chose est sûre : on l'a oublié.

8 h 10. Le commissaire SDAT 099 s'invite au garage de la préfecture de police de Paris, dans le 19e arrondissement où des brigadiers de la Crim', un photographe et des agents de la police technique et scientifique, tous vêtus de capuches, de masques, de gants et de surchaussures, tournent autour d'une Volkswagen Polo immatriculée en Belgique. Celle qui a conduit trois assassins au Bataclan. Le commissaire SDAT 099 leur rappelle l'importance que pourrait avoir cette Polo, les presse de le tenir informé de la découverte du moindre élément pouvant intéresser l'enquête, puis s'en va. Un drôle de baptême pour ce jeune gradé qui a débuté à la lutte anti-terroriste deux mois et treize jours plus tôt.

À peine est-il parti que les agents ouvrent le coffre. À l'intérieur une valise. Une valise utilisée par des terroristes qui viennent de se faire sauter dans les rues de Paris avec des ceintures explosives. Dans le garage de la préfecture de police, les agents ont comme un doute. Ils téléphonent pour s'assurer que le véhicule a bien été sécurisé. Problème, plus personne ne sait. Des démineurs sont envoyés dans le 19e. En les attendant, les agents s'éloignent de la Polo et de la boîte à gants qui contient un contrat de location au nom de Salah Abdeslam.

8 h 30. Le terroriste n° 1 du Bataclan, le très grand, abattu par un membre de la BRI, est identifié grâce à ses empreintes.

Ismaël Omar Mostefaï, un djihadiste français supposé se trouver en Syrie. La SDAT se charge de l'étude de son « environnement ». Un groupe quitte Levallois en trombe, il est envoyé rue Anatole-France, à Chartres. C'est le dernier domicile connu, cinq ans plus tôt, du terroriste. Un lotissement de six maisons mitoyennes avec, à l'entrée du lotissement, un bloc de six boîtes aux lettres. Un policier s'approche, note les noms sur les étiquettes. Pas de Mostefaï. Le policier poursuit jusqu'au parking qui jouxte l'adresse supposée. Pas de véhicule connu pour appartenir à la famille Mostefaï. Les policiers rebroussent chemin.

9 h 10. Une patrouille du peloton de gendarmerie de Cambrai opère un contrôle au péage d'Hordain, sur l'autoroute A2. Toutes les voitures qui se dirigent vers la Belgique. Dans une Golf grise, trois hommes dont un certain Salah Abdeslam, emmitouflé dans une doudoune à l'arrière du véhicule. Tandis que les trois hommes déclarent à ses collègues revenir de chez un cousin habitant dans le quartier Barbès, un gendarme consulte le fichier des personnes recherchées en France. L'individu nommé Salah Abdeslam fait l'objet d'un signalement. Le gendarme contacte à Paris, le bureau SIRENE (pour « supplément d'informations requis à l'entrée nationale des étrangers »). On lui confirme que le garçon est signalé et qu'il convient de recueillir le plus discrètement possible un maximum d'informations. Alors les militaires font traîner les choses, tapent la discussion.

Le chauffeur vient de fumer un joint.

— Ce n'est pas bien de consommer de la drogue mais, aujourd'hui, ce n'est pas la priorité…

Ils communiquent au bureau SIRENE la description du véhicule, sa plaque d'immatriculation, l'identité de ses occupants, le motif de leur voyage. Le bureau SIRENE transfère les informations à son homologue belge en demandant des précisions sur le motif du signalement de cet Abdeslam.

Au péage d'Hordain, le coffre ne contient ni arme ni explosif. Alors les gendarmes laissent repartir la Golf. Une heure plus tard, les Belges rappelleront pour informer que Salah Abdeslam est un individu radicalisé, candidat au djihad en Syrie.

10 h 30. Un brigadier-chef de la 2e DPJ patiente à l'extérieur du Bataclan qu'on ait enlevé les derniers cadavres pour pouvoir reprendre ses investigations. En attendant, il fait les cent pas sur le boulevard Voltaire quand il a le regard attiré par une tache blanche dans une poubelle. Un téléphone Samsung Galaxy en parfait état. Et aussi une batterie et une coque de portable. Le brigadier-chef empoche l'ensemble et s'en retourne à ses constatations.

11 heures. Pános Kamménos est l'une des premières personnalités à se présenter à l'ambassade de France à Athènes où a été ouvert un registre de condoléances. En voyant le ministre grec de la Défense avec sa couronne de fleurs, Dimitri Zoulas se demande si l'homme politique francophone et francophile regrette les mots qu'il avait prononcés huit mois plus tôt. Pános Kamménos avait menacé d'« inonder l'Europe de migrants », si celle-ci ne réglait pas la dette grecque : « On leur distribuera des papiers valides qui leur permettront de circuler dans l'espace Schengen. Ainsi, la marée humaine pourra se rendre sans problème à Berlin. Et tant mieux si, parmi ces migrants, se trouvent des djihadistes de l'État islamique… »

Un coup de fil met un terme aux interrogations de l'officier de liaison Zoulas. Son interlocuteur à la direction anti-terroriste grecque. Il a sa réponse à propos des papiers d'identité retrouvés sur l'un des kamikazes du Stade de France. Un certain Ahmad al-Mohammad a bel et bien été enregistré le 3 octobre dernier sur l'île de Leros à la suite du débarquement de 198 migrants venus de Turquie. Dimitri Zoulas enfourche l'antique scooter Peugeot dévolu aux officiers de liaison de l'ambassade de France. Sur le deux-roues muni de plaques diplomatiques, il se faufile dans les rues ensoleillées d'Athènes, grouillantes de monde ce samedi matin.

Arrivé au siège de la direction générale de la police de l'Attique, il grimpe au huitième étage, celui dévolu à l'anti-terrorisme. Il y retrouve son interlocuteur habituel et la supérieure de celui-ci. L'officier de liaison leur demande une foule de renseignements sur les conditions d'arrivée et de séjour du faux migrant, ses empreintes digitales (si elles avaient été prélevées), mais également la liste de tous ceux qui sont arrivés le même jour sur la même île. Ses contacts commencent à louvoyer. C'est compliqué, cela relève d'autres administrations, cela va prendre du temps. Après le week-end peut-être.

— J'invoque la sécurité nationale !

Dimitri Zoulas ne sait lui-même pas très bien ce qu'il veut dire par là. Mais la phrase prononcée sur un ton de gravité a l'effet escompté. Les policiers grecs s'en vont voir leurs chefs, leur répètent l'invocation. Et reviennent avec la promesse de réponses à ses questions dans la journée.

11 h 25. Au garage de la préfecture de police de Paris, les démineurs ont fini leur office. La valise et la Polo ne contiennent aucune bombe. Les agents de la Crim' et de la police technique et scientifique reprennent leurs investigations démarrées quatre heures plus tôt. Ils auscultent le moteur, prélèvent des poils dans l'habitacle, un chewing-gum usagé dans un vide-poches, enferment des odeurs dans des bocaux. Ils n'ont toujours pas ouvert la boîte à gants.

11 h 42. Les limiers de la Crim' rentrent seulement des terrasses quand, à quelques kilomètres de là, à Levallois, les cyber-patrouilleurs de la SDAT s'agitent. L'État islamique vient de publier, par le biais de l'application Telegram, un message en langue arabe et en français, intitulé *Communiqué sur l'attaque bénie de PARIS contre la France croisée.* C'est la première revendication de l'attentat, il y en aura beaucoup d'autres. Celle-ci détonne. Rien ne va.

> *Huit frères, porteurs de ceintures d'explosifs et armés de fusils d'assaut ont pris pour cibles des endroits choisis minutieusement à l'avance au cœur de la capitale française : le Stade de France lors du match des deux pays croisés la France et l'Allemagne auquel assistait l'imbécile de France François Hollande, le Bataclan où étaient rassemblés des centaines d'idolâtres dans une fête de perversité ainsi que d'autres cibles dans le 10e, le 11e et le 13e arrondissement et ce, simultanément.* [...] *Le bilan de ces attaques est de minimum 200 croisés tués et encore plus de blessés.*

Ça ne va pas. Le bilan est d'un peu moins de 130 morts à cette heure-là et jamais il n'atteindra les 200 évoqués, les cyber-patrouilleurs de la SDAT le savent déjà.

Ça ne va pas. Le 18e arrondissement n'a pas fait l'objet d'une attaque. Était-ce prévu dans le plan initial ?

Ça ne va pas. Trois terroristes tués au Stade de France + trois terroristes tués au Bataclan + un terroriste tué au Comptoir Voltaire, ça ne fait pas huit. Il y en a au moins un dans la nature. Sans doute plus.

13 h 50. La DGSI informe le parquet de Paris. Les Belges sont formels : le loueur de la Polo qui a véhiculé les tueurs du Bataclan s'appelle Salah Abdeslam. Après Ahmad al-Mohammad[1] au Stade de France et Ismaël Omar Mostefaï au Bataclan, Salah

1. Une fausse identité, le kamikaze d'origine irakienne s'appellerait en réalité Ammar al-Sabaawi.

Abdeslam est le troisième terroriste identifié. Avec une différence par rapport aux deux autres, lui est encore bien vivant. Dans la note qu'elle leur adresse, la DGSI est bien obligée de préciser aux magistrats que ledit Abdeslam a été contrôlé, sans être arrêté, par des gendarmes en début de matinée alors qu'il remontait en Belgique. A minima, il y a un membre du commando en fuite. Autre motif de réjouissance : d'après les Belges, son frère surnommé « Brahim Poulet » est suspecté d'avoir passé un mois en Syrie en début d'année.

14 heures. Le brigadier qui faisait les cent pas devant le Bataclan est de retour au 2e district de police judiciaire. Il insère la batterie du téléphone Samsung récupéré dans une poubelle. Le portable s'allume. Le brigadier pianote à l'intérieur. Aucun contact enregistré. Mais six photos. Les plans des deux étages du Bataclan et l'affiche du concert des Eagles of Death Metal. Et ce texto envoyé à un correspondant belge :

C'est parti, on commence.

Le texto a été envoyé cinq minutes avant que le massacre ne débute.

Le brigadier prévient son taulier qui appelle la Crim'. Ordre est donné de placer le téléphone sous scellés et de l'amener au 36 quai des Orfèvres. Toute affaire cessante.

15 h 40. Fabrice se présente boulevard Bessières, dans les locaux du 1er district de police judiciaire. Une commandante, a appelé la DGSI après avoir trouvé entre les fauteuils du Bataclan une carte de police. Quand Fabrice répond à l'appel d'un collègue de Levallois, celui-ci lui dit :

— Je suis content d'entendre ta voix !

Il craignait que le capitaine ne fasse partie des décédés pas encore identifiés.

Dans le bureau du 1er district, la commandante remet à Fabrice sa brème, ainsi que les clés de son appartement et son blouson Superdry. Durant une heure, le capitaine lui raconte ce qu'il a vécu, Émilie fait de même dans un bureau à côté.

À la sortie de leurs auditions, ayant récupéré leurs effets personnels, dont leurs clés, Fabrice et Émilie peuvent enfin rentrer chez eux. Dans la matinée, des serruriers de la DGSI les avaient rejoints devant la porte de leur appartement du 13e arrondissement mais n'avaient pas réussi à ouvrir sans forcer le système à double barillet.

Mais le capitaine de la DGSI n'en a pas encore fini avec le 13 novembre. Dans une note consacrée aux attentats et diffusée auprès de différents partenaires étrangers, un service de renseignement britannique a illustré la première page du document d'une photo de Fabrice pris en charge par un secouriste, l'image est l'œuvre d'un média anglais. Or, avant d'être à l'état-major chargé d'analyser les mouvances djihadistes, Fabrice, bilingue, a d'abord été officier de liaison à Londres. Les services secrets de Sa Majesté le connaissent donc très bien. Un concours de circonstances que cela soit sa photo à lui qui illustre cette note ? Patrick Calvar, le patron de la DGSI, demande des comptes au chef de poste des espions britanniques à Paris. Celui-ci clame son innocence.

La note sera renvoyée aux partenaires, sans la photo de Fabrice.

15 h 43. Les deux Belges contrôlés avec Salah Abdeslam au péage autoroutier sont interpellés par la police fédérale, l'un dans le métro bruxellois, l'autre au volant de sa Golf, celle qui a fait le voyage à Paris. En garde à vue, ils reconnaissent sans difficulté avoir fait le déplacement jusqu'à Châtillon dans les Hauts-de-Seine à la demande de leur copain Salah Abdeslam. Sur le chemin du retour, il s'est vanté d'avoir fait partie « des dix » ayant commis l'attentat, mais son détonateur n'a pas fonctionné et pourtant il voulait mourir.

Ils l'ont laissé à un autre ami qui l'a déposé dans la commune de Schaerbeek où se perd la trace du terroriste. La Belgique émet un mandat d'arrêt à son encontre, et la France lance un appel à témoins. Salah Abdeslam devient l'ennemi public n° 1. Les témoignages se multiplient aussitôt pour le signaler aux quatre coins de la France mais aussi de l'Europe. Les enquêteurs vont devoir tous les vérifier.

Le standard de la préfecture de police saute à quatre reprises. Mais ce n'est pas la faute de Salah Abdeslam. Plus de 90 000 appels de gens sans nouvelles d'un proche. Et qui cherchent à savoir où il est hospitalisé. Ou pire. Créée par une instruction publiée le 13 novembre, la cellule interministérielle d'aide aux victimes a proposé dans la matinée de basculer tous ces appels vers son propre standard téléphonique. Au Quai d'Orsay, elle dispose d'équipes pour les gérer. Mais le temps que l'opération de transfert se fasse, il sera 19 heures. En attendant les familles ne savent pas à qui s'adresser. Alors la conseillère justice du Premier ministre fait ouvrir dans l'après-midi l'École militaire pour les accueillir. Seulement cette décision est annoncée avant sa mise en place. Les familles s'y ruent. Les équipes pluridisciplinaires prévues pour annoncer les décès aux familles ne sont pas encore là ou pas en nombre suffisant. Alors des magistrats du parquet de Paris s'y collent.

« On a essuyé les plâtres, confiera François Molins. Je m'y suis mis aussi. » À deux reprises, le procureur de la République doit confirmer à des parents le décès de leurs enfants. « Nous ne sommes pas préparés à cela… Je me souviens d'un couple : leurs deux filles étaient mortes le 13 novembre. C'est épouvantable, comment voulez-vous leur annoncer cela ? » Quand on lui demandera dans le cadre d'un entretien pour *Mediapart* si la gestion des victimes avait été à la hauteur, la réponse claquera, sans la moindre once d'hésitation : « Non, leur prise en charge aurait dû être beaucoup mieux rodée. »

17 h 30. Les Grecs ont tenu parole. Ils ont transmis à Dimitri Zoulas la fiche décadactylaire[1] de celui s'étant présenté comme Ahmad al-Mohammad sur l'île de Leros. L'officier de liaison français transmet aussitôt par courriel à ses autorités de tutelle à Paris. Avec une demande.

> *Merci de nous indiquer si les empreintes correspondent avec l'individu* [du Stade de France].

19 h 55. Les policiers ont retrouvé la trace de la famille d'Ismaël Omar Mostefaï. Dans une commune de l'Aube. Le père du seul kamikaze du Bataclan identifié a été interpellé une demi-heure plus tôt. Quatre enquêteurs de la SDAT, deux de la DGSI, d'autres de la police judiciaire de Reims, des membres de l'identité judiciaire et des spécialistes de la lutte contre la cybercriminalité rejoignent le dispositif de sécurité qui ceinture le quartier. Une colonne d'assaut du RAID se dirige vers le pavillon des Mostefaï, grimpe les quelques marches d'un escalier en pierre, fracasse la porte. À l'intérieur, la mère d'un terroriste et ses deux sœurs.

21 h 05. Huit policiers du service départemental de police judiciaire du Val-de-Marne (SDPJ 94) font face à la résidence hôtelière Appart'City. Un empilement de cubes de couleurs grise et brique en bordure de Seine, à Alfortville. Quai de la Révolution, les policiers val-de-marnais scrutent la planque des terroristes. Le téléphone abandonné dans une poubelle devant le Bataclan a parlé. Dans la journée du 13, il a activé l'adresse IP de l'établissement.

1. Composée des dix empreintes digitales.

Avant de s'approcher, les hommes et les femmes du SDPJ 94 vérifient qu'aucun des véhicules stationnés dans cette zone industrielle n'est suspect. Rassurés, ils se dirigent vers la réception de l'hôtel. Ils brandissent leurs brèmes au veilleur de nuit qui, en retour, leur présente son registre. L'Appart'City comprend 124 appartements. Mais un seul nom retient l'attention. Salah Abdeslam. Il a loué deux chambres dont les clés n'ont pas été rendues et qui n'ont pas été nettoyées depuis. Le veilleur désigne du doigt les fenêtres des deux chambres au troisième étage. Les rideaux sont tirés mais n'empêchent pas de constater qu'elles sont éclairées de l'intérieur. Les policiers empruntent les escaliers. Devant les chambres 311 et 312, ils croient percevoir des sons. Sans certitude ; l'étage est bruyant. Les policiers du 94 alertent la Crim'.

23 h 55. Les constatations se passaient bien jusque-là. Deux heures plus tôt, les autorités belges ont prévenu que les traces papillaires relevées au Comptoir Voltaire appartiennent à Brahim Abdeslam. Ils ont aussi indiqué que le grand frère de Salah avait loué pour une semaine une Seat Leon de couleur noire. Mieux : le véhicule est géolocalisé. Depuis vingt-quatre heures, il stationne rue Édouard-Vaillant, à Montreuil. Une dizaine d'hommes de la Crim' s'y sont précipités.

À travers le pare-brise, ils ont aperçu un petit drapeau français sur le tableau de bord.

À travers les vitres, ils ont aperçu des fusils d'assaut et des chargeurs sur la banquette arrière.

Un démineur en brise une. C'est alors qu'un collègue avise sur la chaussée une goupille. Et si les terroristes avaient piégé leur voiture à l'aide d'une grenade ?

Les démineurs font s'éloigner les enquêteurs. Ils vont leur sortir un par un les objets qu'ils trouveront à l'intérieur de la Seat. Ils commencent par ouvrir le coffre. Vide. La banquette arrière regorge de pièces à conviction. Trois fusils d'assaut. Dix-sept chargeurs, pour la plupart vides, quelques-uns scotchés entre eux. Trois couteaux de boucher aiguisés. Et dessus les ADN de Brahim Abdeslam et des deux autres tueurs des terrasses, pas encore identifiés.

II

Dimanche 15 novembre, 0 h 25. À l'Appart'City d'Alfortville, les opérateurs de la BRI ouvrent à l'explosif les portes des chambres 311 et 312 et déferlent dans des appartements vides. Une fois ceux-ci sécurisés, leurs collègues val-de-marnais peuvent procéder à la perquisition. Rapidement pour la 311 qui n'a pas été occupée, avec plus de soins pour la 312.

Sur la table ronde de l'espace séjour, ils trouvent deux verres à pied remplis d'eau, une cannette Minute Maid presque vide, trois verres en plastique empilés, un mouchoir usagé, une cuillère à café présentant des traces brunâtres, des emballages de dosettes de sucre vides, un paquet de madeleines entamé. Dans la salle de bains, deux brosses à dents, un tube de dentifrice, un gobelet en plastique. Et puis des traces sur les interrupteurs, sur les poignées, sur le bouton-poussoir de la chasse d'eau, sur la télécommande de la télé.

Les experts de l'identité judiciaire se régalent. À partir de ces prélèvements, ils vont pouvoir déterminer que séjournaient dans la chambre 312 les trois terroristes du Bataclan et un du Stade de France.

11 h 05. Le cabinet du directeur général de la police nationale relaie une demande à la direction centrale de la police judiciaire.

> [L'équipe de Dimitri Zoulas] *souhaiterait savoir si les résultats de la comparaison entre la fiche décadactylaire et*

les empreintes relevées correspondant au passeport syrien ont été obtenus.
Par avance merci

Dans l'après-midi, Dimitri Zoulas obtiendra la confirmation de son intuition : le kamikaze du Stade de France et le migrant de Leros sont bien une seule et même personne. Mais, pour l'heure, ce n'est pas le relevé d'empreintes du prétendu Ahmad al-Mohammad qui préoccupe les scientifiques de l'institut médico-légal de Paris.

16 h 40. Quai de la Rapée, ils sont six à s'affairer autour d'une main. Celle qui a été ramassée aux environs du siège 23 au premier étage du Bataclan. Une main gauche aux multiples fractures provoquées par un effet de blast. La main manquante d'un corps qui a également perdu sa tête. Celle du terroriste n° 3 du Bataclan. L'assassin qui a actionné sa ceinture explosive après avoir été touché par le commissaire de la BAC-N et son chauffeur.

À l'institut médico-légal, l'anthropologue Tania Delabarde pratique l'autopsie de la main sous le regard des policiers. Elle prélève l'ADN des tissus musculaires. Il n'y a plus de compresses stériles et de sérum physiologique, alors la doctoresse effectue ses prélèvements par frottement d'écouvillons sur la main, pour faire apparaître d'éventuels résidus de tir. Et, le plus urgent, un relevé d'empreintes sur les doigts et la paume de la main autopsiée.

À quelques kilomètres de là, à Levallois, l'agent SI 303 n'a pas besoin de la science. Il sait. Il sait que la main appartient à Samy Amimour. La veille, il s'est absorbé dans la contemplation de la tête photographiée trônant sur la scène du Bataclan. Il a comparé avec une photo anthropométrique vieille de trois ans. La forme du crâne, du nez et de la bouche. L'implantation des sourcils, de la barbe. Le front dégarni. Malgré le sang coagulé, l'agent SI 303 est convaincu de ne pas se tromper.

> *Au vu de ces éléments de comparaison, il apparaît que le nommé Samy Amimour est susceptible d'être l'un des auteurs de l'attaque commise dans la salle de concert du Bataclan à Paris.*

Dans son PV transmis au parquet de Paris, il a écrit « susceptible d'être » mais il sait. Samy Amimour est un vieux client du service.

En octobre 2012, la DGSI avait interpellé ce chauffeur de bus de la RATP qui projetait de rejoindre une terre de djihad. À l'époque, l'Afghanistan ou le Yémen. Samy avait avoué avoir suivi des cours de manipulation d'armes dans un club de tir de la police française. Interrogé à propos des attentats kamikazes, Samy avait répondu :

— Ce n'est pas la seule manière de gagner le paradis, il y a d'autres voies d'accès. Moi, je sais que je ne suis pas capable de le faire.

Un jeune homme de 25 ans qui, un an après avoir été mis en examen et placé sous contrôle judiciaire, s'était envolé pour la Syrie et faisait l'objet depuis d'un mandat d'arrêt international.

« On ne pensait pas que toute personne embrigadée allait devenir un assassin, dira Marc Trévidic qui avait instruit le dossier Amimour en 2012. C'est dur pour un juge de se dire : "Je mets tout le monde en prison parce que c'est plus prudent." Avec ce qui s'est passé, évidemment que je regrette de ne pas avoir mis Samy Amimour en détention provisoire. »

À la DGSI, les couloirs sont vides ce dimanche de novembre. « Il y a de l'effervescence mais aussi un très fort sentiment d'amertume, de remords, se souviendra huit ans plus tard un officier en poste à l'époque. Amimour, ça m'est resté… C'est un peu comme dans les féminicides. Avec une succession d'alertes qui ne sont pas suffisamment prises en compte. C'est le cas type où on est passé au travers. » À T, la sous-direction en charge du terrorisme, les portes des bureaux sont d'habitude ouvertes. Là certaines restent fermées. Les uns et les autres préfèrent ruminer dans leur coin.

Le fichier national des empreintes digitales n'est pas long à donner sa réponse. Les empreintes prélevées lors de l'autopsie de la main correspondent en tout point au pouce, à l'annulaire et à la paume gauche de l'ancien chauffeur RATP. L'agent SI 303 avait raison. L'interpellation des membres de la famille de Samy Amimour est programmée pour le lendemain matin à l'aube.

19 h 35. Au rez-de-chaussée du 1, rue de Londres à Bobigny, le gardien d'immeuble n'a rien remarqué d'inhabituel. Au premier étage, Yamina n'a rien à dire, elle ne sort jamais de chez elle. Porte d'en face, Gokou travaillait dans la nuit de mercredi à jeudi, depuis il n'est pas ressorti de chez lui. Il n'a rien remarqué. Son épouse travaillait jeudi et vendredi à Paris, idem. Leur fils aîné, sorti vendredi faire des courses à la Défense, pas plus. Le cadet lui a entendu. Vendredi soir, il vendait des sandwichs à l'extérieur du Stade de France. Il a perçu deux explosions mais n'a rien vu. Quand il est rentré chez lui à 3 heures du matin, tout était calme.

Au rez-de-chaussée du 3, rue de Londres, Marie-Madeleine n'a rien à signaler, elle ne reconnaît personne sur les planches photographiques que lui présente le commandant de police. Au premier étage, porte droite, Marie-Claude n'a rien remarqué de suspect. Au premier étage, porte gauche, Marie-Agathe n'a rien vu. Les deuxième et troisième étages non plus.

Depuis plus de deux heures, les effectifs au grand complet de la BRIF (pour brigade de recherches et d'investigations financières) sillonnent le sud de la cité très sensible de l'Abreuvoir. Ils ont été chargés d'une enquête de voisinage depuis que les collègues belges ont fait savoir que, d'après ses données de géolocalisation, la Seat Leon utilisée par le commando des terrasses a stationné entre jeudi soir et vendredi 20 h 30 dans les environs. Pour l'heure, les policiers spécialisés dans les investigations financières piétinent quand leur taulier leur demande de tous se rendre devant un pavillon situé rue Georges-Tarral.

Dans la nuit de vendredi à samedi, la police a mis en place le 197, une ligne d'appel à témoins. Une cinquantaine d'enquêteurs gèrent autant de postes téléphoniques vingt-quatre heures sur vingt-quatre, depuis deux salles de crise, l'une à Nanterre au siège de la direction centrale de la police judiciaire, l'autre à Paris au sein de la préfecture de police. À charge pour chacun des fonctionnaires de poser les bonnes questions, d'évaluer l'information transmise par le citoyen à l'autre bout du fil et de rédiger, si c'est pertinent, une fiche qui sera aussitôt transmise à la SDAT, charge à elle ensuite de hiérarchiser les priorités et de ventiler aux différents services pour vérifier le tuyau. Ce dimanche soir, c'est tombé sur la BRIF déjà sur place.

Une demi-heure plus tôt, un homme a composé le 197 pour indiquer qu'il a loué une maison à un Belge prénommé Brahim et dont le patronyme est identique à celui de ce Salah Abdeslam dont parle la télé. L'individu cherchait un logement pour six personnes et un emplacement où garer deux voitures. Il était arrivé avec un ami le mardi soir à bord d'une Renault Clio, avait payé les 700 euros cash.

Les effectifs de la BRIF sont maintenant rue Georges-Tarral où le propriétaire du pavillon leur remet les clés. À l'intérieur, outre deux capuchons de détonateur et une cartouche de calibre 7,62 mm, vont être retrouvés sur des couettes, des gobelets, des taies d'oreiller, sur la porte du réfrigérateur, les traces ADN de sept terroristes, dont Salah Abdeslam. Le petit pavillon de Bobigny a hébergé les commandos du Stade de France et des terrasses.

III

Lundi 16 novembre, 6 h 02. « Ch » téléphone à « Ben Laden », il veut savoir si celui-ci est arrivé dans les environs d'Antalya, à l'Heaven Beach Resort and Spa. Ben Laden répond qu'il lui reste une centaine de bornes à faire.

Dans l'hôtel turc, un Belge s'impatiente. Depuis Raqqa, Ch essaie de le calmer.

— J'ai parlé avec [Ben Laden], il est venu un peu lentement. Sois prêt quand il sera en bas de l'hôtel.

Le Belge n'en peut plus d'attendre.

— Je ne comprends pas ce qu'il fait, ça commence à m'énerver !

Alors Ch lui promet que si Ben Laden ne vient pas ils lui enverront quelqu'un par avion pour lui apporter un autre faux passeport.

Depuis que Salah Abdeslam est l'homme le plus recherché d'Europe, ses antécédents sont épluchés. À Athènes, l'officier de liaison Dimitri Zoulas a appris de ses interlocuteurs grecs qu'Abdeslam avait été contrôlé le 4 août dernier dans le port de Patras à la frontière grecque alors qu'il embarquait sur un ferry pour l'Italie en compagnie d'un certain Ahmed Dahmani. Et voilà que dans les heures qui suivent les tueries parisiennes le Belge Dahmani s'est envolé d'Amsterdam, destination Antalya, en Turquie, où il a atterri à la mi-journée samedi.

Les services de renseignement du monde entier sont mis à contribution. Le Mossad a indiqué que le passeport au nom d'Ahmad al-Mohammad retrouvé aux pieds d'un kamikaze du Stade de France appartiendrait à un soldat syrien tué récemment. La NSA a donné la *kounya* d'Abou Walid, l'émir qui aurait accompagné deux des kamikazes du Stade de France, à la frontière turco-syrienne fin septembre. Les grandes oreilles américaines ont même fourni les photos des hommes qu'Abou Walid avait données à un faussaire pour l'établissement de leurs faux papiers.

Il se trouve que cet émir s'appuie sur un cousin réfugié de l'autre côté de la frontière turque. Un homme qui travaille dans un magasin faisant des photos pour les pièces d'identité et que l'on surnomme Ben Laden. Un passeur auquel s'intéresse déjà la police turque. Or, la veille au soir, Abou Walid a ordonné à son cousin Ben Laden de changer une photo sur un passeport et d'y mettre celle qu'il allait lui envoyer. Une demi-heure plus tard, il lui adressait deux portraits d'Ahmed Dahmani et lui demandait de se rendre à Antalya.

9 heures. À Paris, la journée débute par une grosse colère de François Molins. Le parquet de Paris a fait le choix, deux jours plus tôt, d'envoyer les corps au seul institut de médecine légale (IML) de Paris. Une démarche de simplification. C'était déjà assez compliqué pour les familles de courir les différents hôpitaux à la recherche de leurs proches.

Face au nombre de morts, le parquet avait également fait le choix de discriminer. Devaient être autopsiés les cadavres des terroristes, les corps non identifiés et les décès survenus à l'hôpital (pour déterminer la responsabilité ou non de celui-ci). Et puis, les cadavres sur lesquels se voyait la plaie d'entrée de la balle mais pas celle de sortie et qui nécessitaient donc des investigations complémentaires.

Pour déterminer qui devait être autopsié ou non, tous les corps doivent être passés au scanner. Or le scanner de l'IML n'est pas disponible, en raison de travaux en cours... Il faut acheminer les corps à l'Hôtel-Dieu et la Pitié-Salpêtrière pour les scanner puis les ramener à l'IML. Ce matin-là, quand le procureur de la République se rend compte que les autopsies traînent en longueur, il voit rouge. L'objectif était de rendre les corps le plus rapidement possible aux familles pour simplifier leurs démarches. Et si cela continue, il ne va pas être atteint. Alors François Molins prévient le professeur Bertrand Ludes, le patron de l'IML : toutes les autopsies doivent être terminées d'ici à vendredi. Sinon il saisira un autre institut. « Cela a dû être persuasif, ils ont fini dans les temps... », remarquera le magistrat.

Durant six jours, 15 médecins légistes procèdent à 48 autopsies et 82 examens externes sur les corps entiers et les fragments de corps arrivés dans la matinée du 14 novembre. Débordé, l'IML bâcle l'accueil des victimes, les corps sont présentés très brièvement – cinq minutes pas plus – aux familles, à travers une vitre, les corps abîmés recouverts d'un drap, les visages délabrés cachés sous un « masque de douleur ». En raison de la confusion qui régnait sur les scènes de crime, deux familles éplorées vont se recueillir sur la fille de l'autre (les sacs à main des défuntes ont été intervertis par les secours). Par ailleurs certaines balles ont fini dans un corps après en avoir traversé plusieurs autres. Et les codes-barres imprimés sur un bracelet, mis autour du poignet des victimes pour les identifier, sont tachés de sang. En tout, une dizaine d'erreurs vont polluer le processus d'identification. Et compliquer la tâche des magistrats chargés d'établir la liste des victimes. Il va falloir pour cela synthétiser plus d'un millier d'auditions. Finalement, le parquet de Paris recensera, au-delà des morts, 486 blessés et un millier de personnes choquées. En attendant d'en arriver là, François Molins a rendez-vous avec la justice belge.

Isabelle Panou appose sa signature à côté de celle du procureur de la République de Paris à la fin du document finalisant la création d'une équipe commune d'enquête. Ses membres peuvent désormais accomplir des actes qui relèvent de la police judiciaire sur le territoire de l'autre État, à condition de le faire conformément au droit de ce dernier. En dehors des contraintes de la procédure judiciaire, la collaboration a déjà démarré entre services secrets. Dès le samedi, un officier du VSSE, le service de renseignement belge, a pris ses quartiers à Levallois-Perret où, avec un certain succès, il aide la DGSI à fluidifier les échanges.

La juge Panou et les policiers d'outre-Quiévrain ont eux aussi déjà apporté leur écot aux premières investigations. La magistrate est saisie du dossier depuis la matinée du 14. Elle a aussitôt ordonné des écoutes puis des perquisitions dans l'entourage des frères Abdeslam. « Le premier volet, extrêmement important, des investigations a été réalisé par les autorités françaises, mais les nouveaux éléments nécessitaient notre intervention. Par exemple, les enquêteurs français ont isolé toute la téléphonie aux environs du Stade de France, une charge de travail monumentale. Mais une fois qu'ils ont isolé les numéros pertinents, c'étaient des numéros belges… »

Il devient évident qu'une collaboration quotidienne entre les deux pays est « indispensable, nécessaire », résumera la magistrate. « Dans une enquête qui déborde de vos frontières, vous allez être bloqué. Vous n'aurez pas accès au listing des immatriculations des véhicules loués par les terroristes. Vous n'aurez pas accès au registre qui vous permet d'obtenir l'identité des propriétaires des portables. Parce qu'un numéro de téléphone, c'est bien sympa, mais si vous ne pouvez pas l'exploiter, cela ne sert à rien. » Alors la juge bruxelloise s'attelle à la traque des ressortissants belges impliqués dans la tuerie parisienne. Au premier rang desquels, Salah Abdeslam[1].

Une silhouette ronde, des joues roses, un verbe truculent et une capacité de travail hors norme caractérisent Isabelle Panou qui, à elle seule, va porter le volet belge. « L'ampleur des attentats du 13 novembre, elle vous tombe dessus. Mais vous n'avez pas le choix : vous prenez et vous faites. »

La création de l'équipe commune d'enquête est annoncée dans la matinée par le parquet de Paris lors de la réunion quotidienne regroupant la SDAT, la DGSI et la Crim'. On fait le point. L'exploitation d'une vidéo prise par une caméra dans la rue de la Fontaine-au-Roi permet de confirmer que le commando des terrasses était bien constitué de trois terroristes.

Récapitulons : les deux appartements conspiratifs trouvés, les voitures ayant conduit les commandos au Bataclan et aux terrasses trouvées, l'arsenal ayant servi aux tueries sous scellés, cinq kamikazes identifiés (deux du Stade de France, deux du Bataclan, un des terrasses), et une palanquée d'ADN qui vont finir par parler.

Mais ça, c'est le passé. Le présent est moins reluisant.

Manque : la Renault Clio vue à Saint-Denis et à Bobigny. Une policière de Seine-Saint-Denis téléphone dans l'après-midi à toutes les fourrières du département. Clichy, La Courneuve, Saint-Denis, Aubervilliers, Aulnay-sous-Bois, Bobigny. Aucune n'a de Clio immatriculée en Belgique immobilisée sur son parking.

Manquent : peut-être une, ou deux, ou trois ceintures explosives.

Manquent : les deux tueurs survivants des terrasses.

1. En fait de nationalité française mais ayant toujours vécu à Molenbeek.

Manquent : les complices en Belgique qui recevaient les textos et les appels des différents commandos sur le point de frapper Paris.

Manque : Salah Abdeslam.

Bilan : ça progresse sur les morts, ça patauge sur les vivants.

12 h 15. À bord d'une Mercedes 220 bleu marine, Ben Laden et son beau-frère faisant office de chauffeur approchent enfin d'Antalya. La fin d'un périple long de 900 kilomètres, quand, sur une départementale, un contrôle routier. Un contrôle d'opportunité. Les forces de l'ordre sont là pour eux. Ben Laden fait mine de sortir du véhicule de manière pacifique mais, une fois en dehors de l'habitacle, jette au loin son téléphone. Il est menotté. À l'intérieur de la Mercedes, un faux passeport supportant une photo d'identité d'Ahmed Dahmani, le meilleur ami de Salah Abdeslam.

14 h 56. Entre le 13 novembre et le 1er décembre, la police recevra 17 897 coups de fil au 197, la ligne d'appel à témoins mise en place pour l'occasion. Là, ce jour-là, à cette minute-là, c'est le 2 473e appel. Le propos est « confus, désordonné » mais « retient l'attention » du policier au bout du fil. Il n'a pas encore raccroché qu'il lève la main vers son chef de salle pour signaler cet appel à traiter en urgence absolue.

Une femme prénommée Soraya[1] dit héberger chez elle une jeune femme nommée Hasna Aït Boulahcen qui, moyennant finances, doit cacher son cousin, un certain Abdelhamid

1. Durant de longues années, les journalistes, y compris l'auteur de ces lignes, ont employé à son sujet le pseudo de Sonia, le prénom qu'elle s'était choisi quand elle avait révélé son histoire à RMC quelques mois après les attentats parisiens. Lors du procès des attentats du 13 novembre, elle a témoigné sous sa véritable identité, Soraya M. Son vrai nom ne vaut plus rien, elle vit sous une identité d'emprunt dont la divulgation, elle, serait passible de longues années de prison.

Abaaoud, avec qui elle a eu un rendez-vous à proximité d'un entrepôt à Aubervilliers. Soraya donne aussi des détails sur de nouvelles attaques qui pourraient avoir lieu. « Je me suis dit que je préférais donner ma vie plutôt que de cautionner d'autres assassinats », dira-t-elle plus tard.

Ce « témoignage providentiel » porte sur Abaaoud, un djihadiste belge réputé être en Syrie, alors que « l'attention médiatique est portée [à ce moment-là] sur Salah Abdeslam ». Mais un homme dont les services de renseignement ne cessent de dire dans des notes classées Secret Défense qu'il est celui qui orchestre tous les projets d'attentat ciblant la France. Et puis Soraya communique des informations vérifiables (le lien de parenté entre Abaaoud et Aït Boulahcen) et des éléments tangibles (le numéro de téléphone de Hasna dont il apparaît qu'elle s'est récemment radicalisée). La DGSE et la DGSI sont mises dans la boucle pour établir la crédibilité de Soraya. « La DGSI nous dit : "Bien oui, c'est intéressant parce que c'est la cousine de" », se souviendra Philippe Chadrys. La SDAT rappelle Soraya. Il faut qu'elle vienne à Levallois « dans les plus brefs délais ».

18 h 30. La femme qui passe les tourniquets et les différents contrôles de sécurité est une mère de famille, divorcée, vivant du RSA depuis près de quatre ans. Elle est reçue par un gardien de la paix de la SDAT, choisi par ses chefs pour sa capacité d'écoute, et une enquêtrice de la DGSI, enceinte.

Face à ce binôme, Soraya ne se fait pas prier pour raconter son histoire. Bénévole aux Restos du Cœur, elle héberge souvent chez elle ceux qui dorment dans la rue. Avec Hasna, c'est compliqué. « Quand je l'ai repêchée, j'ai eu du mal à la reconstruire », expliquera-t-elle.

Hasna Aït Boulahcen a été ballottée de famille d'accueil en famille d'accueil, surnommée jusque-là « Cow Girl » ou

« Chapeau de paille » en raison de son goût pour l'esthétique western, chapeaux et santiags inclus. Une fêtarde accro à la vodka, à la cocaïne et aux virées en boîte de nuit, qui finit par trouver dans l'islam radical un cadre.

Sur sa page Facebook, les photos sur lesquelles elle prend la pose dans son bain moussant ou lovée sur son canapé sont remplacées par des images où Hasna, toujours avec sa moue provocante et les doigts pointés façon gangsta rappeur américain, apparaît voilée de la tête aux pieds et les mains gantées de noir. Toujours sur Facebook, son profil s'illustre d'une photo d'Oussama Ben Laden. « Quand je l'ai revue, elle était niqabée », résumera Soraya. Malgré tout, elle l'héberge de nouveau à partir de la fin octobre 2015.

— Où avez-vous rencontré votre colocataire Hasna Aït Boulahcen ?

— C'est une jeune qui a grandi en foyer. Elle était sous l'emprise de la drogue, de l'alcool. Je l'ai prise sous mon aile. Elle vient, elle part. Mais, là, elle est installée dans un drôle de truc. Elle communique par WhatsApp avec la Syrie. Elle dit qu'elle contacte un frère en Syrie mais sans préciser qui.

En 2013, son cousin maternel Abdelhamid Abaaoud avait, depuis Raqqa, proposé à Hasna de l'épouser. À l'époque, les exactions de son amour de jeunesse faisaient le tour du Net, comme cette vidéo dans laquelle Abaaoud traîne des cadavres derrière son 4 × 4, et remplissaient de fierté la jeune femme. Alors, quand un inconnu la contacte depuis la Belgique pour lui demander de trouver une planque à son cousin le dimanche 15 novembre, cela ne fait pas un pli. La jeune femme, qui s'est remise à boire « des grandes bouteilles de whisky » et qui, la veille, a passé la nuit avec un homme rencontré sur les réseaux sociaux, lui répond : « Dis-moi ce que je dois faire ! »

— Au début, elle m'a dit qu'elle pensait qu'il devait s'agir de son cousin Younouss, enlevé à 13 ans pour la Syrie par son frère Hamid. Elle ne m'en a pas dit plus.

L'inconnu lui a envoyé par SMS une adresse, en bordure de l'A86 à Aubervilliers. Hasna demande à Soraya de l'emmener en voiture. Soraya n'est pas chaude pour y aller. Mais elle cède.

Arrivés à Aubervilliers, elles se garent à proximité d'un camion-sandwicherie. Le compagnon de Soraya s'est joint à elles, mais il reste dans la voiture tandis que les deux femmes en sortent. Hasna Aït Boulahcen siffle. Personne ne répond, sauf l'inconnu au téléphone qui intime l'ordre à Hasna de ne pas siffler, mais plutôt de crier « 10, 10 », parce que, supposément, les attentats du 13 novembre seraient leur dixième attaque ayant réussi. Depuis la Belgique, l'inconnu donne ses indications : « Avancez ! », « Marchez ! », « Stop ! », « Il vous voit », « Il arrive ».

Un homme sort alors d'un buisson sur un talus en face de ce qui semble être une casse auto. Un bob crème sur la tête, un bomber kaki sur le dos et une apparence de « Roumain » plus que de terroriste, selon Soraya.

— *Salam Aleykoum*, dit l'homme des bois, tout sourires en leur tendant la main.

— Hamid, tu es vivant ! Qu'est-ce que tu fais là ? Ils ont besoin de toi là-bas, s'écrie Hasna Aït Boulahcen.

Abdelhamid Abaaoud, le coordonnateur des attentats qui ont fait 130 morts, se dresse devant les deux femmes :

— Tu sais ce que je suis venu faire, j'ai besoin de toi, dit-il à sa cousine. J'ai besoin d'un endroit où me cacher pendant 48 heures. Tu vas recevoir de l'argent, 5 000 euros, et tu vas nous acheter deux costumes et deux paires de chaussures, histoire de passer bien.

Soraya demande au cousin Abaaoud s'il a participé aux attentats qui ont eu lieu deux nuits plus tôt.

— Chez nous, c'est *haram* de mentir : oui, le 10e, c'est nous !

— Mais vous avez tué des innocents…

— Il faut voir ce qu'ils font chez nous.

— Mais vous avez tué des musulmans !

— C'est des dommages collatéraux, qu'est-ce qui garantit que c'étaient des bons musulmans ?

Au bout d'une vingtaine de minutes, l'homme qui prétend être Abdelhamid Abaaoud s'en retourne à son buisson et à une autre nuit à la belle étoile. Il a demandé à sa cousine de se dépêcher, il pourra passer encore vingt-quatre heures dehors mais pas plus. Lorsque Hasna, son amie et le compagnon de celle-ci repartent, la cousine reçoit un coup de fil en provenance de Belgique :

— Tu peux dire au petit couple que, s'ils parlent, mes frères vont s'occuper d'eux !

Six ans plus tard, Soraya se souviendra de tout, d'Abaaoud qui lui a serré la main, des mots du terroriste – « pour lui, nous sommes des mécréants. Quand il se levait le matin, il nous voyait comme des morceaux de pain blanc et il avait envie de tous nous faire sauter » –, de son regard « froid et vide », de la gifle que son compagnon a assénée à Hasna Aït Boulahcen qui « rigolait » quand les terroristes les avaient menacés, de la nuit blanche passée après cette funeste rencontre. Et le lendemain, la télé qui évoque Abaaoud comme probable commanditaire depuis la Syrie. « Je me disais : "Mais non, je l'ai eu devant moi !" » Alors Soraya attend que Hasna quitte l'appartement ce lundi pour téléphoner à la ligne verte et dénoncer son amie et Abaaoud.

« Je ne voulais pas que ça se reproduise », expliquera-t-elle.

À Levallois, Soraya ne s'arrête plus. Se souvient de tout. Surtout du pire.

— J'ai dit : « Mais vous allez encore faire des attentats ? Car j'ai des enfants qui prennent les transports, qui vont à l'école. »

Il a dit que nous étions des brebis égarées et qu'il avait envie de tous nous faire sauter. Il a ensuite dit que oui, il y en aurait d'autres, qu'ils feraient pire dans les quartiers proches des juifs, et qu'ils feraient diversion dans les transports et les écoles. J'ai répondu que ce n'était pas l'islam. Il me parlait librement. Il n'a pas précisé d'itinéraire, ni combien ils étaient. Il a simplement dit qu'ils étaient partout.

Enfin, Soraya s'interrompt. Elle a vidé son sac.

— Par rapport à ses projets, qu'a-t-il dit ? la relance le gardien de la paix de la SDAT.

— Il a dit que là, ce n'était rien. Et que pour les fêtes, on allait voir ce qu'il allait se passer…

— À quel endroit dormirait Abdelhamid si vous l'hébergiez ?

La réponse de la bénévole des Restos du Cœur fuse.

— Moi ? Mais certainement pas. Jamais de la vie. C'est ce qu'elle voulait, mais c'est tout simplement impossible. Et pourquoi pas Ben Laden et Saddam Hussein ?

Cela fait plus de trois heures que Soraya parle sans discontinuer. Elle quitte l'antre de la SDAT pour s'en retourner dans son foyer devenu malgré elle un appartement conspiratif.

19 h 30.

— Quand tu seras avec Ben Laden, tu monteras dans la voiture, tu jetteras ton passeport belge. Après je ne sais pas si tu le brûleras, mais débarrasse-t'en. Il va te donner le passeport syrien qu'il a dans sa poche. Tu vas aller jusqu'à la frontière avec lui. Tu seras en sécurité avec lui, il va faire en sorte de te faire passer la frontière, avait promis Ch.

Mais le passeur surnommé Ben Laden n'honorera jamais le rendez-vous, il a été arrêté. En lieu et place, des policiers turcs déboulent dans la chambre 1232 du Heaven Beach Resort and Spa où Ahmed Dahmani attend son faux passeport. Le client de l'hôtel avait pourtant préparé un sac à dos « pour éventuelle situation urgente afin de partir au plus vite ». Vaine précaution. Le meilleur ami de Salah Abdeslam ne rejoindra jamais l'État islamique.

Dans son téléphone, les enregistrements audio de ses échanges avec Ch, le djihadiste qui depuis le califat planifiait son exfiltration. Ch s'avère être Youssef Bazarouj, un Belge au contact des frères Abdeslam et d'Abdelhamid Abaaoud. Au four et au moulin, Youssef Bazarouj, alors qu'il faisait l'intermédiaire entre Dahmani et Ben Laden, passait depuis le même numéro de téléphone des coups de fil en France. À une certaine Hasna Aït Boulahcen.

22 h 15. Au cours de sa déposition, le gardien de la paix de la SDAT a demandé à Soraya de décrire un détail qui aurait pu la marquer à propos du terroriste croisé à Aubervilliers, Soraya a répondu :

— Oui, il portait des baskets orange !

Or, sur la vidéo filmée par le policier en arrêt maladie depuis son appartement, on distingue un homme portant des chaussures orange en train de fusiller sans précipitation les clients de la Belle Équipe, rue de Charonne. Une information qui n'a pas été révélée aux médias. Les policiers apportent à Soraya une planche photographique. Une collection de djihadistes chevelus, barbus. Parmi eux, Abaaoud. La témoin providentielle le désigne sans hésitation.

À la SDAT (comme à la DGSI et au parquet de Paris), on tombe des nues : « Abaaoud est en France. C'est un cataclysme sans précédent », résumera le commissaire SDAT 99. « Pour nous, Abaaoud est censé être en Syrie d'où il pilote des attentats à distance… » Le scénario est difficilement concevable, la « cible numéro 1 des services de renseignement » a traversé l'Europe et se retrouve dans un buisson en contrebas de l'autoroute A86. Cela semble tellement invraisemblable que germe aussitôt une autre hypothèse. « C'est trop beau pour être vrai, se souviendra François Molins. Qui peut imaginer Abdelhamid Abaaoud se terrant dans un bosquet à Aubervilliers ? Nous avons alors une peur bleue que le témoignage de Soraya soit une manipulation, un moyen d'attirer les forces de l'ordre dans un guet-apens. »

L'État islamique aurait-il fomenté un piège pour attirer les forces de l'ordre « sur un terrain moins favorable pour [eux] » ? Et Soraya serait-elle, dans ce cas, chargée d'appâter les policiers, en leur faisant miroiter la présence d'Abaaoud ?

« Cela paraît tellement énorme qu'on a du mal à y croire, avouera Philippe Chadrys. Mais on doit regarder les choses de manière objective. Parce que si Abaaoud est effectivement en France, le danger est réel. »

Il y a les baskets orange et puis les résultats de la géolocalisation tombent. Les portables de Soraya et de Hasna ont activé la veille au soir une borne à Aubervilliers, couvrant la zone sous l'A86. Quelques étages au-dessus, les analystes de la DGSI trouvent des correspondances entre les propos que la témoin prête à Abaaoud et ceux rapportés en août par un djihadiste que le terroriste belge avait envoyé à Paris commettre une tuerie dans une salle de concert.

Et si cette Soraya disait vrai ?

Ce qui ne figurera ni dans le dossier d'instruction, ni dans le film *Novembre* retraçant la traque d'Abaaoud : la DGSE a une écoute qui conforte le témoignage de Soraya. L'écoute est administrative, c'est-à-dire autorisée par la loi mais pas judiciarisée. Elle date du 15 mais ne sera exploitée par le service secret français que le lendemain. Quatre sources différentes ont confirmé l'existence de cette écoute classée Secret Défense qui ne sera jamais abordée à l'audience du procès V13.

Ce que l'on sait avec certitude : l'écoute concerne Hasna Aït Boulhacen.

En revanche, il n'a pas été possible de déterminer qui se trouvait à l'autre bout du fil. Cela pourrait être l'appel reçu par Hasna (et évoqué à la SDAT par Soraya) d'un numéro belge lui demandant d'aller chercher son cousin à Aubervilliers.

Cela pourrait être, d'après les confidences d'une source, un appel émis depuis la Syrie par Youssef Bazarouj. Un Bazarouj dont l'enquête judiciaire établira par la suite qu'il a envoyé dans la nuit de dimanche à lundi des messages à la cousine d'Abaaoud via WhatsApp. Entendu quelques mois plus tard par une commission d'enquête parlementaire, Bernard Bajolet, le patron de la DGSE, y glissera une allusion jamais relevée jusqu'ici à propos d'Abaaoud. « Nous avons appris, en coopération avec la DGSI, sa présence sur le sol français après les attentats du 13 novembre. Nous pensons que ceci a peut-être contribué à empêcher une autre vague d'attentats. » Il insistera quelques minutes plus tard au cours de la même audition : « Nous avons retrouvé sa trace peu après l'attentat du 13 novembre. » Dans l'histoire officielle du 13 novembre, seul le rôle – réel – de la SDAT était connu. Bernard Bajolet est le premier à affirmer que les services secrets ont contribué à la traque d'Abdelhamid Abaaoud.

Le Belge est une obsession du renseignement extérieur français depuis que celui-ci a connaissance en octobre 2014 d'un projet d'attentat ciblant la Belgique. « De mémoire, il s'agissait d'enlever un policier et le décapiter », dira le patron de la DGSE à la barre du procès V13. Son service alerte les Belges qui, le 2 janvier, l'informent à leur tour d'une interception téléphonique d'un certain Omar qui appelle de Grèce. Abou Omar est la *kounya*, le surnom que s'est choisi Abaaoud.

Le 12 janvier, la police fédérale belge prévient les autorités grecques qu'elle a identifié Omar et leur communique des photos d'Abaaoud. Entre-temps, la France a été victime des attentats de

Charlie Hebdo et de l'HyperCacher et la DGSE a redéployé ses moyens en direction de ceux qui pourraient avoir commandité ces tueries. Ce qui est en train de se jouer en Belgique et en Grèce passe au second plan. Qu'importe, le dossier est bien avancé. Dans la soirée, deux numéros de téléphone utilisés par « Omar » Abaaoud bornent dans le centre d'Athènes, sans pour autant qu'il soit possible de déterminer où précisément. Deux jours plus tard, les services secrets américains transmettent une demi-douzaine de nouveaux numéros de téléphone appartenant à Omar. Le soir, les services grecs convoquent les officiers de liaison et les chefs de poste des services de renseignement américains, belges, britanniques, français et israéliens. Un général grec peu avenant leur explique l'objet de la réunion :

— Vous devez vous coordonner pour nous envoyer des renseignements vérifiés !

Les uns et les autres inondent d'informations parfois erronées (un des numéros de téléphone fourni par les Américains comporte un chiffre de trop…), dans le but de neutraliser cet Omar qui pilote à distance des terroristes arrivés en Belgique. Il est décidé que la priorité sera donnée à la localisation et l'arrestation d'Omar en Grèce, pour éviter que celui-ci n'active d'éventuelles autres cellules qui n'auraient pas été identifiées.

Mais, trois jours plus tard, les Belges passent à l'assaut. Deux terroristes sont tués dans leur planque à Verviers. « À ce moment-là, nous mettons à Athènes le maximum de moyens pour localiser Abdelhamid Abaaoud », racontera Bernard Bajolet. Ce volet de l'histoire est connu. Dans la foulée de l'opération policière à Verviers, tout un quartier d'Athènes est bouclé. La police grecque, prévenue à la dernière minute de l'intervention des Belges, procède au contrôle d'identité de près de 170 personnes correspondant au signalement d'Abdelhamid Abaaoud. En vain. Dans la soirée, à la suite d'un appel infructueux (et pour cause) aux terroristes morts en Belgique, tous les téléphones d'Omar cessent d'émettre. Cinq jours plus tard, un dernier cellulaire émet à Thessalonique, dans le nord de la Grèce, avant qu'Abdelhamid Abaaoud ne disparaisse dans la nature.

Depuis, la DGSE cherche à neutraliser celui qui se retrouve impliqué à un degré divers dans tous les attentats ou projets d'attentat visant la France.

Durant l'été, alors que la DGSI a interpellé le djihadiste parisien qui avait été missionné par Abaaoud pour perpétrer une tuerie lors d'un concert, la France transmet une information aux Belges qui va leur permettre de réaliser une infiltration durant plusieurs semaines à Bruxelles dans l'espoir de remonter à Abaaoud. Encore un échec.

Fin septembre 2015, la DGSE rédige une note « de routine » dans laquelle elle situe Abaaoud à Deir ez-Zor, au nord-est de la Syrie, où il serait en train de conduire les soldats du califat dans un assaut contre l'aéroport tenu par l'armée de Bachar al-Assad. Bernard Bajolet rapportera « une intox délibérée » : le 6 novembre, le petit frère d'Abaaoud qui combat lui aussi dans les rangs de l'État islamique téléphone à sa famille en Belgique et leur dit dans la conversation « Je suis à côté d'Hamid » alors que celui-ci se terre déjà, on l'apprendra bien après, à Bruxelles.

Dans un message interne « immédiat », la DGSE rappelle à tous ses agents : « La neutralisation d'Abdelhamid Abaaoud, vecteur d'une menace avérée contre notre territoire, est devenue une priorité urgente pour le service. » Pour ce faire, le service secret français a recruté une source humaine, dans l'entourage proche d'Abaaoud en Syrie. Un djihadiste naviguant dans l'environnement de la cellule des opérations extérieures de l'État islamique, qui aurait fourni des informations précieuses sur l'organigramme de la structure planifiant les attentats en Europe et sur les projets en cours. Une taupe très bien placée mais qui n'aura pas pu empêcher le 13 novembre. Là encore, il faut relire les déclarations de Bernard Bajolet devant la commission d'enquête parlementaire. « Pour connaître leurs projets, il faut avoir des sources humaines directement en contact avec ces terroristes : or ces réseaux sont très cloisonnés, ils peuvent recevoir des instructions de caractère général, mais avoir ensuite une certaine autonomie dans la mise en œuvre de la mission qui leur est confiée. [...] Dès lors, quand bien même on sait qu'un attentat va être commis, quand bien même on connaît le nom des terroristes, on ne peut pas toujours le prévenir si l'on en ignore le lieu et la date. » La taupe de la DGSE avait en revanche donné, ce qui pouvait passer pour un détail à l'époque, le lien de parenté entre le Belge Abdelhamid Abaaoud et la Française Hasna Aït Boulhacen.

Après l'écoute administrative de la cousine, la DGSE creuse désormais ce volet avec la DGSI qui prévient la SDAT, comme le confirmera un enquêteur de ce service : « On sort de l'audition de Soraya et la DGSI nous dit, en substance, qu'il y a quelque chose d'énorme qui se prépare du côté des djihadistes. Quand la DGSI vous dit ça alors qu'on est trois jours après un attentat qui a déjà fait 130 morts dans les rues de Paris, ça pose une ambiance... Les warnings sont écarlates. Le climat est très, très lourd. »

Il ne faut pas se rater.

La section de recherche et de surveillance, alias le groupe Surv', de la SDAT est envoyé à Drancy. Un enquêteur pénètre dans un hall d'immeuble, constate que le nom de Soraya figure bien sur une boîte aux lettres, monte au 18e étage où un homme aux cheveux courts et bruns sort de l'appartement 183. Il reste sur le pas de la porte, comme s'il attendait quelqu'un, contraignant le policier à redescendre pour ne pas se faire repérer. Le reste de l'équipe et lui vont passer la nuit devant l'immeuble d'où personne ne sortira.

IV

Mardi 17 novembre, 8 h 40. Une riveraine s'approche des inspecteurs de la direction de prévention et protection (l'équivalent d'une police municipale parisienne) en train de sécuriser l'entrée d'une école du 18e arrondissement. Une voiture gêne la circulation place Albert-Khan et cela fait deux jours que cela dure. Les enfants étant entrés en classe, les inspecteurs marchent en direction de la place où, effectivement, un véhicule de couleur noire et aux vitres teintées mord sur la voie de bus. Les inspecteurs préviennent leur hiérarchie. Il s'agit d'une Renault Clio immatriculée en Belgique.

Une heure et demie plus tard, un groupe de la brigade criminelle arrive. Le périmètre est sécurisé par les effectifs du commissariat du 18e, les démineurs sont déjà passés. Les enquêteurs de la Crim' débutent la fouille du véhicule dans lequel Salah Abdeslam a conduit trois jours plus tôt trois terroristes au Stade de France. À l'intérieur, une bouteille d'eau, un couteau à manche rouge et, dans le vide-poches central, un morceau de papier annoté. Les policiers le lisent et alertent leur hiérarchie.

11 heures. Quatorze lignes téléphoniques sont désormais sur écoute, le groupe Surv' de la SDAT est vingt-quatre heures sur vingt-quatre à la fois sur Hasna Aït Boulahcen et sur ce que François Molins désignera bientôt comme « le buisson conspiratif ». À distance respectable.

Les policiers de la SDAT voient sortir de là un homme qui tient une bouteille d'eau à la main. Les filocheurs du groupe Surv' observent l'individu se débarbouiller le visage avec sa bouteille. Il emprunte la rue en contrebas. Un clochard. Les filocheurs le laissent filer. Trois heures plus tard, ils lèveront leur dispositif, des techniciens du service ont installé une caméra face à un sentier entre deux buissons.

17 heures. Le téléphone du commandant SDAT 006 sonne. Ce vétéran du service (il était déjà lors des attentats de Mohamed Merah) s'est vu confié la gestion du témoin miracle. Et justement c'est encore Soraya. En panique. La veille au soir, une fois rentrée chez elle, elle a fait boire sa protégée. Et Hasna a parlé. Son Abdelhamid a programmé de perpétrer un nouvel attentat, cette fois dans un centre commercial et un commissariat du quartier d'affaires de La Défense. C'est prévu pour deux jours plus tard, le 19. « Elle était très contente mais elle était triste aussi, se remémorera Soraya. Elle disait : "Il va mourir, et on va mourir aussi… " » Alors Soraya lui a montré sur l'ordinateur des images des victimes du 13 novembre dans le but de la dissuader d'aider son terroriste de cousin. En vain. Au téléphone, SDAT 006 presse Soraya : il faut à tout prix l'adresse de la future planque d'Abaaoud et de son complice.

Pendant ce temps, la réunion quotidienne entre le parquet de Paris et les services enquêteurs bat son plein. À l'ordre du jour, le témoin miraculeux de la SDAT et la traque du possible Abaaoud caché dans un buisson en bordure de l'A86. Puis les autres informations.

Au bout de la table, un commissaire de la Crim' et son adjoint. Depuis le début de la réunion, le taulier ne cherche pas à réprimer un rictus au coin des lèvres. Cette figure de la préfecture de police n'a pas digéré que son service n'ait pas été choisi pour piloter l'enquête sur le pire attentat jamais commis dans la capitale. Cela fait trois quarts d'heure que les sujets divers et variés sont abordés. Vient le tour de la Crim'. Le taulier fait le point. L'adjoint qui l'accompagne manifeste une gêne.

— Vous oubliez quelque chose, commissaire…

Le taulier lâche négligemment l'information qu'il gardait pour la fin.

Le papier retrouvé par ses hommes dans le vide-poches de la Clio d'Abdeslam. On peut y lire :

Place de la République
Bd Saint-Martin
Stade de France
Aéroport Charles de Gaulle

Une liste de lieux qui correspond aux scènes de crime du 13. Excepté l'aéroport.

« Il jubilait, je l'aurais étranglé, confiera quelques années plus tard un des participants à la réunion. Tout le monde cherchait à éviter un surattentat. Et il conserve pendant trois quarts d'heure cette information qui peut être décisive… »

17 h 56. Des effectifs du groupe Surv' planquent depuis plus de sept heures dans les environs de l'immeuble de Soraya à Drancy. Ils ont compté les riverains qui sortaient des parkings, recensé « le grand nombre » de femmes voilées aller et venir dans le quartier. Mais pas d'Hasna Aït Boulahcen. Un policier à Levallois alerte ses collègues. Au siège de la SDAT, on est en contact permanent, via haut-parleur, avec les équipes sur le terrain. D'un côté, ce qui sort sur les écoutes doit être répercuté immédiatement à Drancy. De l'autre, les équipes de surv' doivent pouvoir transmettre dans l'instant un numéro d'immatriculation à vérifier.

Le collègue à Levallois répète l'information : Hasna n'est plus dans l'appartement de Soraya. Ils l'ont ratée. D'après une communication interceptée sur son téléphone, elle serait en train de faire la queue dans un bureau de poste dans le but de retirer une grosse somme d'argent. Il existe deux bureaux de poste à Drancy. Le groupe Surv' se scinde et fonce aux deux adresses.

17 h 57. Hasna Aït Boulahcen obéit aux consignes de l'inconnu qui depuis la Belgique lui avait demandé de venir en aide à son cousin. L'homme lui a ordonné de récupérer le virement qu'il vient d'effectuer pour Abaaoud. La jeune femme, peu au fait des pratiques bancaires, se démène comme elle peut :

— *Aleykoum Salam.* Je suis en train de faire la queue là. Je suis… Attends, attends, deux secondes.

Elle s'adresse à la guichetière :

— Bonjour, en fait c'est pour un mandat cash. En fait, on m'a envoyé de l'argent de la Belgique.

À l'inconnu en ligne :

— C'est quoi, c'est un Western Union ?

— Western Union, oui.

— C'est quand que tu l'as envoyé ?

— J'ai envoyé ça il y a une petite heure. 750 euros.

— Attends, attends !

Hasna l'interrompt avant de s'adresser à la guichetière :

— Ah, c'est mort ? Pourquoi ? Ah, c'est 18 heures.

À l'inconnu :

— Ils ont dit que c'est mort pour aujourd'hui, c'est 18 heures. Il faut que j'y aille demain.

— Y retourner demain ? Mais il est 18 heures !

— Mais il est 18 heures, madame, répète la jeune femme. Il doit y avoir une exception. Monsieur, je suis venue avant 18 heures, ça ne se fait pas ! Quand même, je suis venue de loin… Je suis venue avant 18 heures. Bah là, il est 59, monsieur, il reste une minute. Voilà, donc je suis désolée. Je suis venue avant 18 heures, j'ai fait la queue, la dame euh… Ouais, mais là, je suis chez vous, monsieur, je vais vous donner le code et vous me donnez l'argent ! Je n'ai jamais vu ça de ma vie ! La vie de ma mère ! Non, je ne m'énerve pas, mais c'est n'importe quoi. Moi, je suis venue de loin et voilà. Non, OK, il n'y a pas de souci.

Hasna Aït Boulahcen récupère le virement.

18 h 07. Arrivés devant le bureau de poste, les policiers du groupe Surv' aperçoivent une femme, le portable vissé à l'oreille, empocher de l'argent. Sous un bonnet qui laisse filtrer ses cheveux châtains et son nez pointu, elle quitte la banque emmitouflée dans une doudoune noire et un jean moulant. La femme monte dans une Peugeot 206 qu'elle démarre. Dans le centre-ville de Drancy, la 206 s'arrête sur la chaussée. Ses feux de détresse clignotent. La suspecte descend du véhicule, rentre dans une école, en ressort au bout de quelques minutes, accompagnée d'un enfant. La 206 fonce dans les rues de Drancy et est aussitôt perdue de vue. Sur procès-verbal, les policiers sont affirmatifs : il s'agissait bien d'Hasna Aït Boulahcen. On ne saura jamais s'ils se sont trompés de femme à la sortie du bureau de poste ou si c'était Hasna qui, tout en prêtant la main pour les derniers préparatifs du prochain attentat, n'en oubliait pas d'aller chercher l'enfant d'un ou d'une amie.

18 h 35. Nouvelle annonce du service. Hasna vient d'appeler un taxi. Elle lui a expliqué qu'il devra venir la récupérer dans la soirée cité des Francs-Moisins, à Saint-Denis. Elle y sera avec son frère et son cousin. Une partie du groupe Surv' qui sillonnait Drancy à la recherche de la jeune femme part à Saint-Denis. Un groupe qui va encore se morceler dix minutes plus tard quand la géolocalisation indique que Hasna est finalement en bas de l'immeuble de Drancy où elle croise Soraya en train de fouiller les poubelles dans l'espoir de trouver sur un morceau de papier l'adresse de la future planque où, avec l'argent retiré, Hasna va pouvoir loger Abaaoud.

La bonne samaritaine s'apprête à partir aux Restos du Cœur, aussi propose-t-elle à Hasna un marché.

— Tu me donnes l'adresse et quand je termine la maraude, je viens te chercher.

Hasna finit par obtempérer et communique une adresse rue du Corbillon à Saint-Denis, contre la promesse de ne rien dire à personne.

Au même moment, les policiers sur le dispositif à Aubervilliers voient un costume cravate s'engager dans le passage entre les buissons. Hasna devait acheter justement aujourd'hui deux costumes pour que les terroristes puissent « passer bien ». Les portent-ils déjà ?

Au bout d'une minute, le costume cravate ressort en réajustant son entrejambe. Un cadre qui est allé uriner dans les fourrés.

19 heures. Le commandant SDAT 006 reçoit un nouvel appel de Soraya, de plus en plus inquiète. Elle donne l'adresse et le code de la porte de l'immeuble où doivent se réfugier les terroristes. Hasna est censée y dormir avec eux cette nuit. « J'ai dit "Hasna, je ne sens pas ton truc", Hasna m'a répondu "Je suis obligée d'y aller car j'ai leur argent, je dois leur acheter des couvertures et leur remettre. Sinon, ils vont venir me chercher." Elle ne semblait pas apeurée. » Soraya raccroche. Tous les mardis soir, elle se rend aux Restos du Cœur d'Aulnay-sous-Bois où elle prépare les repas qui seront distribués. Ce jour ne fera pas exception à la règle.

19 h 15. Philippe Chadrys téléphone au parquet de Paris pour avertir les magistrats de la situation. Et leur faire part du choix de son service de ne pas interpeller les terroristes quand ils sortiront de leurs buissons. À la place, une filature pour « les poser » (jargon policier) dans leur planque et procéder aux arrestations dans la nuit, quand ils seront endormis. À Aubervilliers, il y a un food-truck, des badauds. « En milieu ouvert, l'effet de surprise est impossible. Les terroristes sont prêts à mourir en martyrs. Nous allons faire face à des combattants qui ont assassiné 39 personnes en douze minutes à l'arme lourde dans les rues de Paris... », justifiera le commissaire SDAT 99 qui rappellera lors du procès des attentats une évidence : « On savait qu'on avait affaire à des gens qui ne se rendraient pas à l'injonction : "Police !" » Le parquet de Paris valide l'analyse et le choix de la SDAT. « Donc on prend la décision de les laisser partir. Certes, c'est un peu risqué parce qu'il ne faut pas les perdre », dira Philippe Chadrys. C'est exactement ce qui va arriver.

19 h 30. Au deuxième étage à Levallois, dans la salle de réunion de la SDAT, on suit sur un PC le téléphone de Hasna Aït Boulahcen en train de quitter Drancy. Le portable prend la direction de La Courneuve, poursuit sa route à travers Saint-Denis et se dirige vers Aubervilliers où le téléphone triangule au bout d'une demi-heure. Hasna rejoint son cousin. Pour le conduire à la planque qu'elle lui a trouvée. Tous les effectifs du groupe Surv' abandonnent leurs différents dispositifs et convergent vers cette zone. « On sait que cela va se jouer là », résumera Philippe Chadrys.

20 h 10. Sous les regards inquiets d'une quinzaine d'enquêteurs de la SDAT, de la DGSI et d'un vice-procureur, un écran diffuse les images d'une femme coiffée d'un bonnet. Elle a un visage fin avec un nez pointu. C'est Hasna. Elle porte un manteau cintré avec quatre gros boutons, un pantalon moulant et un sac à main. Elle fait les cent pas sur le trottoir, son portable à l'oreille. Un homme sort des buissons. Un Maghrébin à la barbe et la moustache naissantes. Il s'avance les mains dans les poches de son blouson.

Des images capturées depuis la caméra fixée sur le passage entre les deux buissons à Aubervilliers. Sur place, le groupe Surv' se rapproche. Pas assez pour apercevoir les suspects.

Une minute et vingt secondes ont passé. Hasna apparaît devant le chemin. Elle parle à quelqu'un hors champ. Elle manipule son téléphone, elle fait des grands gestes avec les bras, son sac à main a disparu. La jeune femme s'assoit sur un plot en béton, elle converse toujours avec la personne derrière elle dans le chemin entre les buissons. Hasna finit par se relever, un second individu sort du buisson. Il arbore une barbe de trois jours, ses cheveux cachés sous un bonnet. Ce pourrait être Abaaoud. À Levallois, à Aubervilliers, tout le monde a envie de croire que c'est Abaaoud. Le « peut-être Abaaoud » a dans une main un sac de courses.

Le film dure maintenant depuis quatre minutes et vingt-huit secondes. Les deux hommes et la femme s'en vont dans la rue.

Un agrandissement est tiré à partir de la vidéo sur laquelle les deux terroristes du buisson conspiratif rejoignent Hasna Aït Boulahcen. Le premier ne dit rien aux policiers. Le second est reconnaissable sans l'ombre d'un doute, c'est Abdelhamid Abaaoud.

« On réalise que nos craintes sont fondées, confiera Philippe Chadrys. Détail qui ne nous échappe pas – on le voit sur les photos et cela nous est répercuté par nos groupes de surveillance –, les deux individus sont porteurs de blousons épais qui nous laissent imaginer la possibilité qu'ils soient porteurs de ceintures ou de gilets explosifs. »

La photo remonte les étages de l'immeuble que partagent la SDAT et la DGSI. Dans son bureau, Patrick Calvar « tombe de l'armoire », selon son expression. « La surprise était de taille, dira un de ses subordonnées, le commissaire SI 562. Avec la multiplication des attaques en 2015, on était moins étonnés d'avoir un attentat que de découvrir qu'Abaaoud, recherché par de nombreux services européens et supposé se trouver à Raqqa en Syrie, dormait dans un buisson sous l'autoroute A86… »

À Aubervilliers, le trio monte dans un taxi. Une filature démarre jusqu'à ce que les policiers les perdent de vue dans le trafic.

22 h 09. Le téléphone de Hasna Aït Boulahcen borne sur la commune de Saint-Denis. Là où Soraya a dit que se trouvait la future planque des terroristes. Tous les effectifs du groupe Surv', renforcés pour l'occasion de la BRI nationale[1], convergent dans les environs de la rue du Corbillon, l'adresse donnée par la témoin. Un équipage fait un premier passage dans la rue piétonne. Un bar, des immeubles anciens et délabrés qui, pour les policiers, sont forcément des squats. Çà et là, des grappes de riverains qui tchatchent, fument, boivent. Et puis, assis à même le bitume ou appuyés péniblement le long des murs, des drogués. Dans les parties communes du numéro 4, une prostituée.

22 h 28. Le service informe le groupe Surv' que Hasna téléphone à un individu, celui qui lui loue la planque. Elle est au pied de l'immeuble, rue Corbillon. L'homme, que dans quelques heures les médias surnommeront le « logeur de Daech », fournit un code, A-1-2-1-8, et un étage, le troisième. Porte de droite, précise-t-il.

1. À ne pas confondre avec la BRI Paris qui est intervenue à l'HyperCacher en janvier et au Bataclan le 13 novembre.

V

Mercredi 18 novembre, 4 heures. Soixante-dix hommes du RAID s'avancent dans la nuit et dans l'inconnu. Un fonctionnaire du groupe Surv' de la SDAT leur désigne l'immeuble dans lequel ont trouvé refuge deux des auteurs des pires attentats survenus dans les rues de Paris. À 4 h 15, les colonnes d'intervention s'engagent dans l'immeuble. Deux heures plus tôt Philippe Chadrys, le patron de la SDAT, a briefé Jean-Michel Fauvergue, celui du RAID. Il lui a montré une vidéo de laquelle ont été tirées deux photos. On y voit deux hommes et une femme en train d'entrer avec des sacs à dos. Leur analyse convainc le RAID qu'au moins un des terroristes pourrait être porteur d'une arme et d'un gilet explosif « eu égard à une proéminence anormale sous son blouson », selon le commissaire Fauvergue. A priori, les terroristes n'ont pas la place de cacher des fusils d'assaut dans leurs sacs à dos.

La SDAT fait également écouter l'enregistrement de la conversation téléphonique au cours de laquelle les tueurs se font guider jusqu'à leur nouvelle planque. « On donne tout ce qu'on a, mais nous n'avons pas beaucoup d'informations pour les aider à préparer leur intervention, ça c'est sûr, avouera Philippe Chadrys. On ne connaît pas la configuration de l'appartement, on ne sait pas combien il y a de terroristes à l'intérieur. Alors qu'habituellement, dans une situation moins critique, on a plus de temps pour travailler l'environnement et fournir au groupe d'intervention un dossier plus complet. » Pas d'armes de guerre dans les bagages des terroristes, semble-t-il, mais le témoin miracle de la SDAT a assuré que, selon les dires d'Abaaoud, quatre-vingt-dix complices se terreraient en petite et grande couronne s'apprêtant à passer à l'acte. Et Hasna se serait vantée avoir « joué » avec une kalachnikov.

En gravissant les marches qui les conduisent au troisième étage, les membres de la première colonne du RAID se demandent s'ils ne sont pas en train de tomber dans un piège.

Ces policiers, fussent-ils d'élite, sont des hommes comme les autres, confrontés à une menace d'un genre nouveau dans laquelle l'objectif final des terroristes consiste à mourir en emportant un maximum de représentants des forces de l'ordre. Ce phénomène kamikaze réduit le risque acceptable qu'est prêt à prendre tout policier et ronge le cerveau, altère le jugement de ceux qui ont vie de couple et de famille.

4 h 20. L'artificier déclenche ses explosifs sur la porte de « l'appartement conspiratif » mais elle n'est pas blindée, l'effet de souffle n'a aucun effet sur le bois. La porte ne s'ouvre pas. Le plan imaginé par les stratèges du groupe tombe à l'eau. Les policiers doivent improviser. Alors ils tirent. Ils tirent pour saturer l'espace. Ils tirent pour ne pas laisser les terroristes respirer et leur donner l'occasion de réaliser leurs desseins suicidaires. Ils tirent pour se rassurer. Ils tirent. Il est 4 h 22, et les hommes du RAID ont peur.

10 heures. Baptiste raccroche au nez de son interlocuteur du centre d'informations et de traitement vidéo de la RATP. Le brigadier de la Crim' l'avait appelé afin de s'assurer de la sauvegarde des enregistrements vidéo des stations de métro susceptibles d'avoir été empruntées par Salah Abdeslam ou les deux survivants du commando des terrasses. L'agent de la RATP lui a répondu qu'il faut prévoir un disque dur d'une capacité équivalente à 639 DVD. Alors Baptiste se précipite à l'ouverture de la FNAC Montparnasse. Se présente aux vigiles en leur disant qu'il est flic et qu'il veut voir un responsable. Il exhibe sa réquisition judiciaire et achète deux disques durs d'une capacité de trois téraoctets chacun (l'un sera placé sous scellés, l'autre servira de copie de travail pour les besoins de l'enquête). Pour un montant de 599 euros (la facture de la FNAC figurera dans le dossier d'instruction).

Ses disques durs en poche, le brigadier fonce au siège de la RATP, quai de Bercy. Il les remet au responsable du centre d'informations et de traitement vidéo. Celui-ci l'informe que le transfert des données va prendre plusieurs jours. Baptiste n'aura pas si longtemps à attendre.

Dès le lendemain, il va pouvoir récupérer les vidéos enregistrées sur ses disques durs. Et, avec l'aide d'une collègue, il retrouvera les deux derniers membres du commando des terrasses – ceux qui viennent de mourir, annoncent les médias, dans l'assaut du RAID – entrant la nuit du 13 dans la station Croix-de-Chavaux, à Montreuil. Il les verra discuter, sourire aux lèvres, avec un autre usager. Détendus après avoir assassiné trente-neuf êtres humains. Le plus hilare porte des baskets orange aux pieds.

11 h 30. Avant de pénétrer dans ce que les autorités désigneront comme « l'appartement conspiratif », Philippe, un brigadier du SDPJ 93 (la police judiciaire de Seine-Saint-Denis), doit patienter deux bonnes heures. Le temps nécessaire pour que des ouvriers mènent les travaux d'étayage afin d'éviter que l'immeuble ne s'effondre.

À l'angle de la rue de la République et de la rue du Corbillon, en plein centre de Saint-Denis, le bâtiment, déjà délabré, porte désormais les stigmates du violent affrontement qui vient de s'y dérouler. Les battants, les vitres et la rambarde en fonte d'une fenêtre du troisième étage manquent à l'appel. Des traces de sang sèchent sur la façade, en dessous de cette fenêtre. En contrebas, ce qui reste d'une tête humaine – le cuir chevelu et le début d'une colonne vertébrale – trône sur le trottoir. À un mètre, un bout du visage sur lequel poussait un début de barbe.

Des emballages de munitions, des dosettes de Bétadine et des compresses usagées jonchent les pavés devant la porte cochère qui dessert l'entrée de l'immeuble. À l'intérieur, les planchers de deux étages se sont effondrés, les canalisations ont été percées, un mur porteur déstabilisé.

En bas, Philippe Chadrys, le patron de la SDAT, est traversé par des sentiments partagés. « On a une menace évacuée. C'est tout de même une phase majeure du dossier. Évidemment, évidemment… Maintenant, une fois l'assaut terminé, il y a aussi un moment de découragement. On va devoir faire des constatations dans un environnement extrêmement dégradé. » Pour son service, une nouvelle course contre la montre débute. Il s'agit de déterminer si Abdelhamid Abaaoud fait bien partie des personnes décédées. Il y a urgence car, durant l'assaut qui a duré officiellement sept heures, des hommes auraient été vus fuyant par le toit. En fait, il s'agit de malheureux voisins, mais ça, les enquêteurs l'ignorent encore.

Horaire inconnu. À l'aéroport Elefthérios Venizélos d'Athènes, le ministère de l'Intérieur français loue un bureau où un brigadier-chef de l'équipe de Dimitri Zoulas passe le plus clair de son temps. Ce jour-là, le policier active son badge lui donnant accès à toutes les zones de l'aéroport, esquive les files d'attente de touristes, les questions des douaniers. Il débouche sur le tarmac et se dirige vers un avion d'Air France. Le policier remet un colis au chef d'escale de la compagnie aérienne qui le monte dans le cockpit de l'avion de ligne. Le commandant de bord a donné son accord. Les passagers embarquent, l'avion décolle. Le colis s'envole pour Paris. À l'intérieur du colis, une clé USB. Et à l'intérieur de cette clé une liste de 198 noms et prénoms. Ceux donnés par les migrants arrivés le 3 octobre en même temps que le kamikaze du Stade de France sur l'île de Leros. Et leurs photos d'identité et leurs empreintes (à l'exception de celles de la cinquantaine d'enfants présents dans le groupe). Avec parmi ces 198, un cas particulier. Un certain Mohammad al-Mahmod a emprunté le 7 octobre un ferry à destination du port du Pirée. La police grecque s'est procuré les souches des billets : le suivant a été vendu à Ahmad al-Mohammad, le kamikaze. Mohammad al-Mahmod s'avérera être l'identité d'emprunt du second terroriste à s'être fait exploser au Stade de France.

Les policiers grecs ont également épluché les débriefings par les agents de Frontex[1] des autres migrants. Deux d'entre eux prétendant être syriens avaient été placés en centre de rétention, l'un parlant avec un accent algérien, l'autre un accent pakistanais, les deux se révélant incapables de décrire la Syrie. Dimitri Zoulas et ses hommes comprennent que les deux faux Syriens sont sans doute de vrais terroristes ayant raté le train du commando du 13 novembre et qu'ils sont désormais dans la nature, quelque part en Europe.

13 h 30. Philippe, l'OPJ de Seine-Saint-Denis, enjambe enfin un amas de plusieurs centaines de douilles qui dégoulinent dans l'escalier. Accompagné d'une cohorte d'experts de l'identité judiciaire et du laboratoire central de la préfecture de police de Paris, Philippe est chargé des constatations sur le théâtre principal de ce qui s'apparente à une scène de guerre.

Arrivé sur le palier du troisième étage, Philippe longe le mur de droite, constellé d'impacts de balles tirées par ses

1. L'agence de l'Union européenne chargée du contrôle et de la gestion des frontières extérieures de l'espace Schengen.

collègues. À proximité de l'encadrement du premier logement, la puissance de feu des policiers a été telle que leurs tirs ont fini par percer un trou dans la cloison. Le brigadier fait son entrée dans l'appartement où se cachaient les deux derniers tueurs des terrasses parisiennes.

Dans la cuisine, le chauffe-eau s'est désolidarisé de son mur. Dans le séjour ne subsiste qu'une table sur laquelle reposent une chaîne hi-fi et un téléphone portable. Sur le seuil du salon, à côté d'une cannette d'Oasis percée d'une balle et recouverte de poussière, le cadavre d'un malinois âgé de sept ans. Diesel, le chien d'attaque du RAID.

À quelques mètres du défunt Diesel, le plancher dans la pièce du fond s'est effondré sur les étages du dessous. Face au vide qui surplombe un enchevêtrement de meubles, de vêtements et de gravats, Philippe contemple les murs criblés de balles tirées par ses collègues. Il se retourne. Au-dessus du montant de la porte du séjour, le brigadier découvre trois ogives. Elles pointent en direction de l'entrée de l'appartement. Ce sont les premières traces de la riposte des terroristes.

Dehors, devant une pluie de micros et de caméras, le ministre de l'Intérieur Bernard Cazeneuve a affirmé que ses troupes ont « essuyé le feu pendant de nombreuses heures dans des conditions qu'ils n'avaient jusqu'à présent jamais rencontrées ». Lors d'une conférence de presse, le procureur de la République, François Molins, évoquera « des tirs très nourris et quasi ininterrompus » essuyés par les policiers. Ce qui n'en finit pas d'interloquer le brigadier du SDPJ 93 et les experts de la police scientifique : ils ont beau chercher dans les décombres, ils ne trouvent pas d'autres éléments balistiques attestant du déluge de plomb supposé s'être abattu sur leurs collègues.

Le RAID a célébré, un mois plus tôt, ses trente ans d'existence. Trente ans d'une histoire glorieuse qui l'ont vu neutraliser Human Bomb, le preneur d'otages d'une classe maternelle de

Neuilly-sur-Seine, arrêter les membres d'Action directe comme le tueur de préfet Yvan Colonna, éliminer Mohamed Merah ou encore Amedy Coulibaly, l'assassin de l'HyperCacher. Le RAID, un acronyme pour Recherche, Assistance, Intervention, Dissuasion qui claque, gonflé à la testostérone, et une devise « Servir sans faillir » qui tient lieu de leitmotiv à ses trois cents hommes surentraînés. Le RAID ne peut pas faillir, c'est gravé dans le marbre.

Aussi, dans les heures qui suivent, tandis que Philippe marche dans les décombres de ce qui a été un immeuble, Jean-Michel Fauvergue, en poste depuis deux ans, martèle dans ses interviews à la presse sa version de l'assaut. Dans *Le Figaro* et dans *Le Parisien*, il raconte un premier « échange de tirs [qui] dure entre une demi-heure et trois quarts d'heure », des terroristes qui « lancent des grenades offensives à nos pieds ». Il précise qu'un forcené a été « touché mais continue de riposter à la kalachnikov », que « la femme présente à l'intérieur envoie une longue rafale de tirs et s'ensuit une grande explosion. [...] La femme s'est fait sauter toute seule dans l'appartement », « c'est alors que nous avons vu un corps humain, une tête de femme, passer par la fenêtre et atterrir sur le trottoir ».

Malgré l'explosion qui a « fait bouger un mur porteur, les tirs de kalachnikov se poursuivent. Puis nous n'entendons plus qu'une kalachnikov car la deuxième s'est tue. » Sur Europe 1, Jean-Michel Fauvergue insiste sur le nombre de balles tirées par les terroristes qui avaient « beaucoup de munitions, beaucoup de chargeurs », ainsi que « deux à trois kalachnikovs minimum ». Le patron du RAID se désole aussi pour Diesel « tué à la Brenneke », du nom d'un fabricant d'armes allemand, désignant dans le langage courant les cartouches de chasse. Un sacrifice qui n'aurait pas été vain. « Il a sans doute sauvé la vie de policiers qui s'apprêtaient à entrer », estime le commissaire.

Le tragique destin de Diesel émeut les amis des animaux. L'expression *#jesuisunchien* se répand sur les réseaux sociaux. Le gouvernement russe annonce offrir en remplacement un chiot berger allemand actuellement en cours de dressage dans les environs de Moscou. Premier chien du RAID à mourir en service, on se mobilise pour obtenir à Diesel une médaille d'honneur posthume. Diesel mort pour la France. L'histoire est triste, l'histoire est belle. Mais l'histoire ne colle pas avec les constatations opérées par les équipes du SDPJ 93 et de la police scientifique.

Tout d'abord, c'est la tête d'un homme, comme en atteste la barbe naissante, et non celle d'une femme qui a atterri dans la rue, obligeant le parquet de Paris à rectifier une information donnée sur la base du rapport oral du RAID et qui embrasera les médias sur le thème de la femme kamikaze. Ensuite, Philippe, le brigadier de Seine-Saint-Denis, souligne dans le procès-verbal qu'il rédige que c'est « l'intervention des fonctionnaires de police [qui a] provoqué de nombreux dégâts au niveau des murs et du mobilier des appartements » au troisième étage. Son supérieur, un commandant, énumère dans un autre PV les différents calibres des 1 576 munitions retrouvées dans les parties communes de l'immeuble « provenant vraisemblablement [...] des tirs effectués par les effectifs de police du RAID ». Ils ont également lancé cinquante grenades offensives.

Du côté des terroristes, bien sûr, le second terroriste a actionné sa ceinture d'explosifs. Des écrous utilisés comme mitraille jonchent ce qui reste de plancher de l'appartement. Des éléments pour confectionner un second gilet meurtrier sont également retrouvés ici ou là. Mais de fusils d'assaut AK-47, point.

20 heures. Un substitut de la section C1 du parquet de Paris téléphone à la DGSI afin d'ordonner l'interpellation de... Soraya. Il s'agit de s'assurer que le témoin miraculeux n'a pas tenté de piéger les forces de l'ordre. Une levée de doute à laquelle s'est opposée la SDAT qui a « traité » jusqu'ici la bénévole des Restos du Cœur. « On ne peut pas, Soraya nous a fait confiance », dira Philippe Chadrys. Ce sera son seul accrochage avec le parquet. « Tout le monde était fatigué. Chacun campait sur sa position… » Alors la DGSI s'y colle, pour ne pas mettre en difficulté ses collègues réfractaires.

— On va vous la prendre.

Le GAO (pour Groupe d'appui opérationnel), l'unité d'intervention du service de renseignement intérieur, est mobilisé. Comme pour l'interpellation d'un terroriste.

23 h 40. Les policiers de la DGSI font face au HLM de 18 étages. Ils entrent et découvrent dans le hall un homme et une femme. La femme correspond à la photo que la SDAT leur a transmise. C'est Soraya. Sans doute avertie par une âme policière compatissante[1], elle est descendue attendre les agents venus l'interpeller, évitant ainsi qu'ils fracturent sa porte. Soraya est interpellée, Soraya est palpée. Soraya se voit notifier son placement en garde à vue tandis que des chiens s'en vont renifler son appartement à la recherche d'hypothétiques explosifs.

1. Dans son livre *Témoin*, coécrit avec Claire Andrieux (Éditions Robert Laffont, 2016), elle dira que c'est sa fille qui l'avait avertie : « Maman, y a plein de Tortues Ninja en bas de chez nous. »

VI

Jeudi 19 novembre, 13 h 45. On est le jour de l'attentat qui aurait dû se dérouler à La Défense et le troisième cadavre de la rue du Corbillon révèle son identité. Le corps défiguré et éventré reposait dans un salon au design moyen-oriental à l'étage du dessous de l'éphémère planque des terroristes. Le mort a la peau très mate, les cheveux châtains, une moustache et une barbe coupée court. Pour le reste, son visage n'est plus un visage. Sa mandibule est absente. Seules quatre dents subsistent. L'œil droit manque. L'une de ses joues a disparu. La boîte crânienne, béante, est vidée de son contenu. Pour parvenir à l'identifier, la police scientifique a procédé à la bonne vieille méthode. Les empreintes digitales. Et le résultat vient de tomber. Il s'agit bien d'Abdelhamid Abaaoud.

Le résultat vient de tomber, et Soraya se morfond en garde à vue. La femme qui a permis la neutralisation du chef opérationnel des tueries du 13 novembre a été extraite une première fois à 8 h 15 pour une première audition, dite de personnalité. Cinquante-cinq minutes et trois pages qui résument sa vie.

Maintenant l'agent de la DGSI chargé de l'interroger aborde les faits. Ses questions sont peu intrusives. « Confirmez-vous vos propos ? », « Pensez-vous que Hasna soit partie de chez vous avec son passeport ? », « Si Hasna n'était pas décédée, où pensez-vous qu'elle pourrait être cachée ? »

Mais quand, pour conclure, l'OPJ lui demande si elle a quelque chose à ajouter, Soraya, inquiète de son sort, lâche :

— J'ai la trouille.

Dans la soirée, le parquet de Paris prolongera sa garde à vue.

Boulevard Mortier, la DGSE publie un message classé Confidentiel Défense. Dedans, l'auteur écrit que « [le] service estime actuellement » qu'un djihadiste algérien surnommé « Abou Doujana al-Battar » « pourrait avoir supervisé la cellule terroriste ». Dans une autre note émise le même jour, cet Abou Doujana est même présenté comme un des commanditaires de l'attentat. Pendant plusieurs jours, les agents secrets vont plancher sur ce Doujana dont ils ignorent la véritable identité. Avant de finir par l'abandonner au bout d'une semaine. C'était un tuyau percé.

VII

Vendredi 20 novembre, 20 h 35. Au bout de cinq auditions et de quarante-quatre heures, la garde à vue de Soraya est levée. Un commissaire de la DGSI et l'enquêtrice enceinte qui l'avait interrogée le premier soir l'attendent pour la remercier. Pas le commandant SDAT 006, son officier traitant qui n'a toujours pas digéré qu'elle ait été placée en garde à vue et qui se sent honteux de ne pas avoir pu la protéger.

Soraya ressort libre du bâtiment de Levallois. Libre mais sa vie est en lambeaux. Son identité, son adresse figurent noir sur blanc en procédure. Les complices des terroristes déjà interpellés y auront accès. « Même si on avait pris son témoignage sous X, cela n'aurait pas changé grand-chose, justifiera François Molins. Les éléments qu'elle nous donne l'identifient facilement. Les liens qu'elle a avec Hasna, sa proximité. Ce qu'elle raconte, il n'y a qu'une personne vivant avec Hasna qui peut le savoir. Comment pouvez-vous cloisonner ? Ce témoin est tout de suite en difficulté… »

Soraya est escortée par une équipe du SIAT[1] jusqu'à un Quick. Où elle déboule en pyjama rose à fleurs – sa tenue lors de son interpellation –, sa doudoune, des claquettes et les

1. Le service interministériel d'assistance technique est chargé des opérations d'infiltration et prend également en charge la sécurité des repentis.

cheveux attachés à l'aide d'un cure-dents[1]. Au cours du repas, les policiers du SIAT dressent à la petite famille réunie une liste de ce qu'ils ne peuvent plus faire : utiliser leurs cartes bleues, leurs chéquiers, se faire remarquer, utiliser leur nom de famille, appeler un proche.

Soraya et les siens vont devoir changer d'état civil, de ville, de vie. Et la loi ne prévoit rien pour les gens comme elle. C'est aussi pour cela qu'elle a été placée en garde à vue, expliquera le procureur Molins, pour « chaîner une prise en charge et une protection » qui n'existent pas encore. Elle va devenir le premier « témoin protégé » de France, après la création de ce programme, inventé spécialement pour elle.

Sa famille doit dire adieu à sa vie d'avant. « C'était un sacrifice à faire, mais il est lourd. Je suis comme un enfant à qui on apprend à vivre », dira-t-elle six ans plus tard avant de clamer : « Mais je ne regrette pas ce que j'ai fait, je ne regretterai jamais. Si je devais le refaire, je le referais. J'espère juste que je n'aurais pas le même déroulé », une allusion à sa garde à vue.

À ces mots prononcés lors de son audition en visioconférence au procès des attentats, l'on repensera à cette cellule terroriste composée de tueurs aguerris. Une cellule qui fit 130 morts et des centaines de blessés dans les rues de Paris mais finit par être entravée par l'action d'une bénévole des Restos du Cœur qui vivait du RSA.

À Levallois, tandis que Soraya s'éloigne vers sa nouvelle vie, les enquêteurs n'ont pas le temps de souffler. Salah Abdeslam est en fuite. Et puis il y a ces terroristes qui assuraient un soutien logistique à Abaaoud depuis Bruxelles. La cellule qui a frappé la France est toujours active.

1. Sonia avec Claire Andrieux, *Témoin*, *ibid.*

VIII

Samedi 21 novembre, 10 heures. Franck est membre de la brigade de répression du banditisme. Mais, pour les besoins de l'enquête, il est détaché, comme tant d'autres, à la Crim'. Et ce matin-là Franck roule en direction de l'aéroport Charles-de-Gaulle. Il se rend dans le local de la Police aux frontières (Paf) de Roissy où l'attend un capitaine qui met ses effectifs à sa disposition. Ensemble, ils vont scruter les images de vidéo-surveillance. La téléphonie du troisième kamikaze du Stade de France a permis de déterminer que celui-ci était à l'aéroport à 18 h 47 le vendredi, trois heures avant de se faire exploser. La Seat Leon n'avait pas bougé de la journée de la planque à Bobigny. Le kamikaze est donc, selon toute vraisemblance, allé à Roissy dans la Clio de Salah Abdeslam. Pourquoi ?

Franck et ses collègues de la Paf voient sur les caméras la Renault Clio immatriculée en Belgique entrer sur la plate-forme aéroportuaire à 18 h 20. Franck tente de suivre la Clio, en passant des archives d'une caméra à l'autre mais les images ne sont pas de bonne qualité et la nuit déjà tombée empêche la lecture des plaques d'immatriculation. Franck voit la Clio tout de même se diriger vers le terminal 2 où elle repassera une dernière fois, au niveau du dépose-minute, une heure plus tard.

À partir de là, Franck et son groupe de la brigade de répression du banditisme vont éplucher les listes de passagers de vols au départ ou à l'arrivée dans ce créneau horaire. Les lignes de bus public et de sociétés privées d'autocars en partance, à destination ou en arrêt à l'aéroport. Les OuiBus et TGV à destination de Bruxelles. Des centaines et des centaines de noms. Et pas un seul de suspect. Les raisons du passage des terroristes demeurent indéterminées. L'hypothèse la plus sérieuse étant un repérage de dernière minute ou même une attaque avortée pour une raison inconnue, comme le papier retrouvé dans la Clio d'Abdeslam le laisse entendre.

13 heures. Enfin. Durant trois jours, des équipes du SDPJ 93 et de la police scientifique sont retournées à l'angle de la rue de la République et de la rue du Corbillon. Les policiers ont fouillé les appartements du troisième comme du deuxième étage. À la recherche des kalachnikovs des terroristes. Le 19, les gravats sont évacués dans la cour, après leur « tamisage et inspection minutieuse ». Le 20 novembre, les logements dans l'immeuble mais aussi la cour sont de nouveau inspectés. Cette fois, les policiers exhument un pistolet automatique Browning de calibre 9 mm Parabellum. Sans chargeur mais avec une cartouche chambrée, prête à être tirée. Le 21, des munitions d'origine tchèque correspondant au calibre de l'arme de poing sont enfin découvertes.

Dans un rapport commun, la DGSI et la sous-direction anti-terroriste (SDAT), chargées de l'enquête, recenseront en définitive, en comptant la cartouche dans le Browning, 11 munitions pouvant être attribuées aux terroristes.

Il n'y a pas le compte. On est loin du feu nourri. « Nos opérations terminées, disons qu'aucune munition ni arme de type kalachnikov n'ont été retrouvées au cours de nos investigations, écrit Marco, un brigadier-chef. Dès lors quittons les lieux et regagnons notre service. » Quarante-cinq minutes après le retour des effectifs à l'hôtel de police de Bobigny, une nouvelle équipe est envoyée à Bagneux, dans les Hauts-de-Seine, là où est stockée la benne contenant les derniers gravats évacués après l'assaut. « Procédons aux recherches minutieuses [...], aux fins de découverte de nouveaux éléments balistiques », note Odette, une gardienne de la paix. Deux jours plus tard, elle est sommée par sa hiérarchie d'y retourner. Pour un résultat toujours négatif. Alors comment expliquer les échanges de feu évoqués par le RAID ?

Une partie de la réponse est à chercher dans les locaux de la SDAT où, ce samedi 21 novembre, Cédric, un brigadier de l'office central pour la répression des violences aux personnes (OCRVP), est détaché pour les besoins de l'enquête. Vers 11 heures, l'agent, assisté de trois techniciens de l'identité judiciaire, reçoit le numéro 3 du RAID et un des armuriers du groupe d'intervention, qui se présentent pour remettre à fin d'expertise les « éléments de protection balistique » ayant servi lors de l'assaut de Saint-Denis. Un châssis porte-boucliers, quatre boucliers dont un supportant un « oculus », un casque de protection.

Les policiers d'élite viennent à reculons. Circonspect, Cédric prend soin de retranscrire sur son procès-verbal leurs remarques qu'il estime singulières. Ainsi, le numéro 3 du groupe d'intervention lui demande s'il sera possible de récupérer le matériel présenté, il souhaiterait "recycler" ceux-ci pour la formation des effectifs du RAID. Et l'armurier qui, lorsqu'il présente le porte-bouclier, « nous précise que les points d'impacts et les divers évasements et parties saillantes du support ont été limés ou meulés avant la présentation de ce jour afin d'éviter des blessures aux personnels manipulant habituellement ledit matériel ».

Pourquoi tenter de récupérer cet équipement après son premier examen alors que la procédure s'annonce longue ? Pourquoi éprouver la nécessité, justement avant cet examen, de limer, de meuler les contours d'un outil que le RAID utilise au quotidien ? Dans le but, maladroit, de cacher une vérité scientifique. La direction empruntée par les balles avant de se heurter aux protections policières.

L'origine des impacts sur les côtés, élimés, du porte-bouclier ne peut plus être déterminée. En revanche, impossible de faire disparaître ceux sur les boucliers eux-mêmes. Aussi, Cédric enregistre scrupuleusement les « trous » traversant les poignées, le câble d'alimentation d'une batterie « sectionné », les « cinq impacts » regroupés, autant d'éléments balistiques dénombrés sur les « faces arrière » du matériel de défense. Si dix-sept impacts sont recensés sur l'avant et peuvent donc, a priori, être attribués à des tirs effectués par les terroristes, au moins quarante autres impacts figurent à l'intérieur des équipements de protection. La plupart des coups de feu essuyés par les policiers ont donc été le fait de leurs propres collègues… « Les gars à l'arrière des colonnes d'assaut et les *snipers* ont tiré devant eux, ils ont touché les boucliers », soupire un gradé.

Dans son interview au *Figaro*, Jean-Michel Fauvergue avait détaillé les blessures, légères, de cinq de ses hommes « touchés aux bras, aux jambes, aux mains, dans le bas du dos » sans s'étendre sur comment un policier montant à l'assaut a pu être atteint dans le dos.

Un temps placé en garde à vue avant d'être innocenté, un voisin de palier âgé de 63 ans racontera la fébrilité des forces de l'ordre et comment il avait écopé d'une balle dans le bras, logée par un tireur d'élite posté dans l'immeuble d'en face. « Cela tirait dans mon appartement, par la fenêtre, à travers les murs, le plafond. […] J'ai tellement hurlé qu'un policier m'a dit d'aller à la fenêtre, je pensais que j'allais être évacué par des pompiers. […]. Je me suis donc présenté à la fenêtre, j'ai levé les bras, je disais "S'il te plaît, je veux sortir… " À ce moment-là, j'ai senti que mon bras était chaud. J'ai senti une très forte chaleur, je me suis affalé sur le lit, et tout le lit était en sang. »

Un clandestin, lui aussi blessé au bras, évoquera une scène similaire. « J'ai vu un policier dans l'immeuble en face qui parlait, mais je n'ai compris que le mot "Fenêtre". Donc je me suis rapproché de la fenêtre, je l'ai ouverte, j'ai mis mes mains sur la tête et j'ai crié "Moi, Égyptien, t'inquiète pas", puis j'ai reçu une balle dans mon bras gauche. » Un troisième sans-papier est lui aussi touché au bras alors qu'il regarde ce qui se passe par le vasistas de son appartement : « J'ai juste vu un laser et j'ai pris la balle. J'ai failli mourir, je suis tombé direct, j'étais choqué. »

La confusion la plus totale régnait durant cette matinée du 18 novembre. À telle enseigne qu'un gros doute subsiste sur les causes de la mort de Diesel. Jean-Michel Fauvergue, qui avait évoqué dans un premier entretien une Brenneke fatale au chien d'attaque, a évité par la suite de mentionner cette munition de fusil de chasse ou de fusil à pompe. Les terroristes n'avaient, on l'a vu, qu'un pistolet automatique et le fusil à pompe est une arme en dotation au RAID... Le mystère restera entier, les juges d'instruction, en charge de l'enquête sur les attentats du 13 novembre, n'ont pas estimé nécessaire de déterrer son cadavre pour déterminer les causes de la mort du malinois.

Enfin les autopsies pratiquées la veille ont établi que Abdelhamid Abaaoud et son complice sont morts par l'effet de blast provoqué par la ceinture explosive. Et la jeune femme par asphyxie. « Il n'était pas mis en évidence de lésions évocatrices de blessures par arme à feu non plus que d'éléments de nature balistique », écrit dans un de ses rapports le médecin légiste. Aucun des trois n'aurait été touché par l'une des 1 576 balles tirées par les policiers d'élite du RAID. En revanche, le résultat de l'autopsie pose d'autres questions. Si les terroristes sont décédés des suites de l'explosion, comment expliquer « les tirs de kalachnikov [qui] se poursuivent » évoqués par le patron du RAID ? Et alors que les détonations et explosions évoquées par les témoins semblent se dérouler entre 4 h 20 et 5 heures du matin, sur quoi et sur qui les policiers ont-ils donc tiré jusqu'à 7 h 30 ? Les policiers faisaient-ils feu en direction de terroristes déjà morts ?

Face aux questions qui se posent, Jean-Michel Fauvergue rédige un rapport de trois pages, intitulé *Conditions d'interpellation de six individus lors de l'intervention du 18 novembre*. Ce rapport élude les questions qui fâchent en détaillant surtout les interpellations des voisins clandestins, présentés comme ayant « une attitude combative ». En revanche, aucune explication sur les conditions de neutralisation des terroristes, sur l'heure à laquelle le kamikaze s'est fait sauter ou sur la mort de Diesel n'est donnée. Au-delà du contenu, l'existence même de ce rapport est un aveu des dysfonctionnements survenus au cours de cet assaut. Les attentats de janvier et de novembre 2015 se sont conclus par quatre interventions des forces de l'ordre, avec à la clé à chaque fois la mort des terroristes. L'assaut de Saint-Denis est le seul qui a nécessité l'écriture d'un rapport. D'après plusieurs sources, une explication « virile » aura lieu au retour à la caserne à Bièvres (Essonne), siège du groupe d'intervention, certains reprochant à d'autres d'avoir refusé de les relayer en première ligne.

François Molins admettra que l'assaut de la rue Corbillon n'a pas été « la meilleure opération ». « Tout le monde est un peu tétanisé après cette tuerie de masse face à des gens sans limites, analysera le magistrat. La porte ne saute pas, et je ne sais toujours pas pourquoi. Il y a eu une volonté de l'unité qui consistait à saturer l'espace. Ils vont tirer, tirer, tirer. » Tout en précisant qu'il n'émet « aucune critique contre les gens du RAID qui ont risqué leur vie » en affrontant les assassins du 13 novembre.

Quant aux « tirs très nourris et quasi ininterrompus » essuyés par les policiers qu'il avait évoqués lors de sa conférence de presse, ils resteront la seule information qui se révélera fausse délivrée par celui qui est devenu pour les Français « la voix des attentats ». Interrogé six ans plus tard à ce sujet, le procureur de la République ne décolère toujours pas. « J'en ai été fort marri. Comme on dit… J'avais pris la peine de vérifier deux fois avant le point presse auprès de la hiérarchie du RAID, demandant si les chiffres donnés correspondaient bien à la réalité. On m'a certifié à chaque fois que oui. »

IX

Lundi 23 novembre, 13 h 30. Toutes les semaines, Ahmed enlève les encombrants dans les rues de Montrouge. Ce lundi ne déroge pas à la règle. Si ce n'est que cette fois Ahmed est seul. Le rippeur, un intérimaire dont c'est la première tournée, l'abandonne en cours de route, prétendant qu'un membre de sa famille aurait eu un accident. Alors, au volant de son camion, Ahmed est seul pour emprunter la rue Chopin. Sur le trottoir, il avise devant un pavillon un cabas avec du carrelage qui dépasse, un sac en plastique dégorgeant de cannettes de bière, un bidon à moitié rempli, peut-être de peinture. Ahmed s'arrête. Il descend, ramasse le cabas, le sac, le bidon et découvre derrière, adossées au muret deux plaques, une jaune et une noire, reliées par un fil orange. Il palpe l'une et l'autre se demandant ce que cela peut bien être. Ahmed vient de trouver dans cette rue pavillonnaire la ceinture explosive abandonnée par Salah Abdeslam sur le chemin qui le menait de la place Albert-Kahn dans le 18e arrondissement à la commune de Châtillon où ses deux copains d'enfance allaient le récupérer pour le ramener en Belgique. C'était il y a dix jours, et l'engin explosif a traîné face à une résidence étudiante durant tout ce temps. La dernière ceinture d'un des kamikazes du 13. Toutes les armes ont été saisies, comme les voitures, tous les membres du commando sont morts. À l'exception de Salah Abdeslam, en cavale.

X

Mardi 24 novembre, 16 heures. Le parquet de Paris a clôturé l'enquête en flagrance. Au terme de ces onze jours, 5 338 procès-verbaux ont été établis un peu partout dans l'Hexagone (jusqu'en Corse), 4 000 scellés confectionnés, dix-neuf personnes placées en garde à vue. L'urgence est passée, place maintenant au temps long de l'instruction judiciaire.

Les services de renseignement et de police judiciaire font le point.

Le terroriste n° 3 du Bataclan correspondrait bien à un Alsacien dénommé Foued Mohamed-Aggad mais l'expertise ADN a conclu le contraire. Et d'après la NSA américaine, il s'agirait plutôt d'un djihadiste belge dont on est sans nouvelles. Le terroriste n° 3 reste une inconnue de l'enquête[1].

La DGSE considère que les armes utilisées le 13 novembre pourraient provenir des Pays-Bas. Une taupe des services belges, basée à Raqqa, les a prévenus que Salah Abdeslam aurait contacté l'État islamique pour leur dire qu'il ne savait pas où aller mais qu'il était encore déterminé à poursuivre l'opération, étant toujours armé de sa ceinture explosive. Ce qui est faux et fait relativiser la crédibilité de la taupe. Salah Abdeslam serait quelque part en Belgique.

1. En fait, il s'agit bien du djihadiste strasbourgeois Foued Mohamed-Aggad comme ses parents le révéleront une semaine plus tard.

Des renseignements un peu vrais, un peu faux. Avec, pour seul point commun, un fait : les pistes s'éloignent des frontières de l'Hexagone. L'enquête va devoir maintenant se décliner à l'international. Et parfois s'affranchir des contraintes du droit.

TROISIÈME PARTIE

Les trois continents

I

Mardi 1er décembre 2015. Un agent de liaison du FBI remet à la SDAT une note de son service et un CD-ROM contenant quelques 29 000 pages numérisées des comptes Facebook « Pouchos Pouchos », « Billy du Hood », « Rachide Bouriche » et « Kaiser Sheikh », les deux premiers appartiennent à Salah Abdeslam et au troisième kamikaze du Stade de France, le troisième est celui d'Ahmed Dahmani, le dernier est en lien avec les autres. Dans les jours qui ont suivi l'attentat, le FBI a exigé de Facebook qu'il lui transfère toutes les données desdits comptes. Ce n'est que le début. Le service américain va alimenter la procédure franco-belge en métadonnées. Jusqu'à la noyer.

« C'est bien gentil de m'envoyer les publications d'un type sur un réseau social mais si je ne sais pas les exploiter, qu'est-ce que vous voulez que j'en fasse ? » dira avec son franc-parler habituel la juge bruxelloise Panou.

C'est là qu'intervient Europol. L'agence européenne de lutte contre la criminalité organisée et le terrorisme créée, le jour même de la première remise de données du FBI, une *task force* appelée « Fraternity », dirigée par un commissaire français. Une quinzaine de ses analystes vont se dédier à l'étude des ramifications d'un dossier d'ores et déjà tentaculaire.

« Au bout d'un moment, le cerveau humain ne peut plus absorber toutes les informations d'une enquête aussi complexe. Il était évident qu'on allait avoir besoin d'un œil neuf, de gens qui, à l'aide d'outils spécialisés, allaient pouvoir mettre à plat tous les éléments éparpillés dans le temps et nous fournir une analyse criminelle du dossier. À ce titre, Europol va utiliser les actes de procédure que nous établissons pour reconstituer les liens entre les différents suspects, des chronologies, le fil des événements », se félicitera Philippe Chadrys.

En trois mois, les analystes d'Europol vont analyser 2,7 téraoctets de données tirées de 9 millions de communications téléphoniques et 614 000 fichiers informatiques. Dans ses rapports tirés de cette matière première, la *task force* « Fraternity » va mettre en exergue les voyages effectués par Salah Abdeslam à travers l'Europe pour récupérer ses complices arrivés de Syrie. En attendant, les analystes d'Europol exécutent une tâche ingrate mais essentielle à propos de ce qui est la priorité de cette fin d'année. Parmi les 198 migrants de l'île de Leros, Fraternity détermine qui n'est pas terroriste. La DGSI, de son côté, apporte l'information la plus essentielle : ceux qui le sont.

II

Vendredi 4 décembre. La direction anti-terroriste grecque convoque les officiers de liaison allemand, américain, britannique et français pour leur remettre un dossier réactualisé des migrants de Leros. Avec une liste enrichie (ils étaient 199 et non 198 à être arrivés sur l'île le 3 octobre) et surtout corrigée. En épluchant pour la énième fois la liste quelques jours plus tôt, Dimitri Zoulas et son équipe avaient constaté des anomalies. La plus ennuyeuse : un décalage d'une ligne entre les photos et les identités, ce qui faisait que les premières ne correspondaient pas aux secondes. Il a fallu remettre tout ça au propre (à coups de ciseaux et de bâtons de colle). La liste enfin exacte est remise aux pays les plus en pointe dans la lutte anti-terroriste. Elle sera par la suite diffusée à tous les pays de l'espace Schengen. Durant des années, les polices européennes vont chercher les migrants de la liste, procéderont à leurs auditions, selon un canevas de questions fournies par la SDAT, afin de vérifier qu'aucun kamikaze missionné par l'État islamique n'ait échappé à la vigilance des enquêteurs.

Le lendemain de la réunion athénienne, l'adjoint du commissaire Zoulas fera partir une nouvelle clé USB par avion à destination de Paris. Outre la liste de migrants à jour, la clé contient le dossier complet des deux présumés terroristes interpellés un temps en Grèce et qui n'avaient pas pu rejoindre le reste du commando. Un Algérien et un Pakistanais qui se promènent vraisemblablement quelque part en Europe.

III

Jeudi 10 décembre. Quand Thomas Pepper et ses collègues de la police autrichienne procèdent en fin de journée à l'interpellation de deux clandestins à l'intérieur d'un camp de réfugiés à Salzbourg, il ne leur échappe pas que l'un des deux a glissé un porte-monnaie à un comparse. Le clandestin ne veut pas que cet objet soit retrouvé sur lui. Il contient une carte SIM, 140 euros et des billets syriens et iraniens. En outre, le réfugié a encore sur lui trois téléphones et six autres cartes SIM. Assurément pas le bagage d'un migrant lambda.

Deux jours plus tôt, les identités figurant sur les faux passeports syriens de l'Algérien et du Pakistanais étaient signalées dans le système d'information Schengen. En les passant aux fichiers, les policiers autrichiens découvrent que ces deux membres présumés du commando Abaaoud se trouvent chez eux, à Salzbourg.

Quatre heures après avoir découvert la présence de potentiels terroristes sur leur territoire, les Autrichiens les arrêtent. Et le lendemain matin, deux agents, un de la DGSI et un de la SDAT, s'envolent pour l'Autriche, invités par leurs homologues à assister en tant qu'« observateurs » aux auditions des suspects. « Sur ce dossier, les échanges internationaux ont été très intensifs. Et même les services avec lesquels on n'a pas l'habitude d'échanger des renseignements spécifiques sur les dossiers de filières en Syrie ont pu nous fournir une information qui s'est avérée primordiale », dira le commissaire SI 562.

La police régionale autrichienne va interroger quatorze fois l'Algérien qui avait tenté de dissimuler son porte-monnaie. « En gros, les auditions ont été très difficiles. Ils essayaient de taire beaucoup de choses. Mais on a pu souligner des contradictions. Aucune déclaration n'était spontanée. Ils n'ont pas avoué librement, en exprimant des remords. À chaque fois, ça a été laborieux », dira Thomas Pepper. Des années plus tard, l'Algérien décrira une garde à vue très violente. Pepper répondra : « Le sujet concernait la mort de beaucoup de personnes. Une personne concernée peut avoir des émotions. »

Toujours est-il qu'après avoir tenté durant plusieurs jours de faire croire à sa légende de migrant l'Algérien demande à parler de nouveau aux enquêteurs de la police régionale autrichienne.

— Lors de mes premières auditions, je n'ai pas toujours dit la vérité. Je ne veux plus rien avoir à faire avec les gens dont je vais parler. Je souhaite dire la vérité sur tout. Mais j'ai besoin d'aide. Les gens à qui j'ai affaire sont dangereux. Abou Ahmed croit que je suis en route pour la France…

Abou Ahmed. L'Algérien de vingt-neuf ans met, pour la première fois, un nom, ou plutôt une *kounya*, sur le commanditaire des attentats qui ont frappé Paris.

IV

Jeudi 31 décembre. La période des fêtes de fin d'année est propice aux bilans et aux bonnes résolutions. La DGSI n'échappe pas à la règle. Le service produit dans les dernières heures de 2015 une note à usage interne.

> *Attentats du 13 novembre. Enseignements et perspectives.*

Elle débute par un constat amer : à l'exception de trois individus pas encore identifiés avec certitude (les deux kamikazes du Stade de France et le complice d'Abaaoud à Saint-Denis), les terroristes étaient connus de la direction « et/ou de ses partenaires ». « Le problème posé est donc moins celui de la détection de profils potentiellement dangereux, écrit l'auteur de la note, que de l'anticipation des passages à l'acte et la neutralisation de tels individus. »

Avant d'envisager comment y remédier, la DGSI dissèque l'attentat en lui-même.

Sur le plan stratégique :

Des attaques « obliques » exécutées par des terroristes établis dans un pays différent du pays ciblé. En l'espèce la Belgique.

Des frappes contre la population pour provoquer « un impact sociétal majeur ».

Sur le plan tactique :

La simultanéité des actions contre des cibles dites « molles » en milieu urbain.

La combinaison de frappes localisées contre des sites à très forte densité humaine (Stade de France et Bataclan) et d'actions mobiles dans les rues parisiennes.

Conclusion : l'État islamique a su tirer certaines leçons des échecs (de l'attentat de Villejuif[1] au printemps et de celui du Thalys dans l'été), en déclenchant des actions simultanées sur la base de petits groupes permettant le maintien d'un feu continu contre les cibles et entraînant un effet dissuasif sur les primo-intervenants.

Conclusion et une inquiétude : ce type de dispositif pourrait être reconduit lors de prochaines attaques.

Comment l'empêcher ?

La note se veut rassurante. La DGSE et la DGSI ont « entamé le chantier de synchronisation » de leurs objectifs pour « partager plus efficacement la connaissance ». Un chantier qui doit aboutir dans le premier semestre 2016. Pour l'heure, un accès réciproque et transparent entre les deux services se heurte à des contraintes légales, notamment liées à celles encadrant Cristina, le fichier de la DGSI. Alors, pour contourner ces obstacles, l'auteur de la note préconise d'échanger leurs bulletins de renseignement via le réseau Lagrange, un canal d'échanges ultra-sécurisé entre les directions techniques des deux services. Des services qui travaillent pour que leurs notes respectives soient dans un format accessible à l'un et à l'autre, « sans ressaisie manuelle de chaque côté ».

On en est là.

L'auteur de la note croit bon d'insister qu'il n'y a pas « d'obstacle psychologique » au partage de données avec la DGSE.

1. L'attaque a tout de même fait une morte, mais l'organisation terroriste visait une tuerie de masse.

Ainsi la DGSI se dit favorable à la mise en commun avec les cousins de Mortier de toutes leurs métadonnées au sein même des entrepôts de la DGSE. Il s'agit des données techniques collectées à travers des interceptions hertziennes, récoltées lors de perquisitions administratives, transmises par des services secrets étrangers, etc. Ceci afin d'orienter au mieux tous les capteurs sur les cibles, celles qui depuis la Syrie planifient les attentats. Et faciliter leur neutralisation.

Deux semaines plus tôt, la DGSI a interpellé deux Orléanais qui, incités par un djihadiste français à Raqqa, projetaient d'assassiner le préfet du Loiret et de s'attaquer à une centrale nucléaire. C'est le sixième et dernier projet terroriste déjoué au cours de l'année 2015. Sur les six, explique la note, quatre ont été empêchés grâce au concours d'une taupe. En France, la DGSI traiterait, assure son auteur, « plus de 400 sources humaines » dans le domaine du contre-terrorisme sunnite.

Mais, tirant les conséquences de la tuerie du 13 novembre, la DGSI fait le constat qu'il convient de faire « un effort important de recrutement directement en zone syro-irakienne ». La DGSI aurait noué des coopérations « fructueuses » avec certains services secrets étrangers (la note ne précise pas lesquels) afin de recruter et projeter des taupes dans le califat.

Surtout, la DGSI a « apporté son soutien » à la DGSE dans le recrutement de sources humaines basées en France « projetables à l'étranger ». Cette coopération aurait déjà abouti dans « une vingtaine de dossiers ». Il n'a pas été possible de déterminer si la source que la DGSE avait infiltrée auprès d'Abdelhamid Abaaoud au sein de la cellule des opérations extérieures de l'État islamique figure dans la vingtaine de dossiers évoqués par la DGSI.

V

Mardi 5 janvier 2016. La DGSE identifie un des kamikazes du Stade de France. Le service secret a appris que, au lendemain de l'attentat, des émirs de l'État islamique ont rendu visite à la famille d'un djihadiste pour lui rendre hommage. Ils l'ont informée qu'il avait commis un attentat suicide à Bagdad. Un pieux mensonge. En récompense de son martyre, les émirs ont donné à la famille éplorée l'équivalent de 5 000 dollars en dinars irakiens ainsi qu'un mouton. La famille va être par la suite relogée dans un endroit tenu secret à Mossoul. Mais la DGSE parviendra à se faire confirmer par un de ses membres que son parent est bien l'homme qui figure sur les photos d'illustration des revendications de l'organisation terroriste à propos du 13 novembre.

VI

Mercredi 27 janvier. L'attaché de sécurité intérieure de l'ambassade de France et le chef de poste de la DGSE sont reçus au siège du SBOu, à Kiev. Les agents du service de renseignement ukrainien sont en train d'interroger un de leurs concitoyens. La veille, l'attaché de sécurité intérieure français avait reçu un appel, via le standard de l'ambassade, de la part de Salah Abdeslam. Du moins, c'est ainsi que l'individu s'était présenté, donnant la bonne date de naissance du terroriste le plus recherché d'Europe.

L'homme, s'exprimant dans un français sans accent, souhaite « se rendre aux autorités françaises dans les formes », sinon il fera « tout sauter ». Il précise même l'adresse où il se trouve et ce qu'il voit de sa fenêtre. L'adresse existe, l'appel a été passé depuis un téléphone ukrainien. Et si c'était Salah Abdeslam ?

Le SBOu est informé de la situation et a cueilli le titulaire de la ligne de téléphone ayant servi à joindre l'ambassade de France. Aussi, le service de renseignement ukrainien tient à faire part des avancées de son enquête éclair aux Français. D'où le rendez-vous.

Interrogé, Anton, le titulaire de la ligne, jure qu'il n'a pas quitté son domicile, la mémoire de son téléphone ne recense aucun appel passé à l'heure où l'ambassade a été contactée. Anton pense que son portable a été hacké par un concurrent. Anton travaille au sein d'une entreprise spécialisée dans la sécurité informatique et les programmes anti-spams. Le SBOu indique au chef de poste de la DGSE et à l'attaché de sécurité intérieure que, selon ses analyses, l'appel malveillant émanerait d'un habitant… d'Angers ayant été un client de l'entreprise d'Anton. Quant au vrai Salah Abdeslam, il n'est pas en cavale en Ukraine et il ne souhaite absolument pas se rendre.

VII

Mardi 15 mars. Cela devait être une perquisition de routine. Une simple vérification, demandée par la juge Panou.

Certains véhicules utilisés par les terroristes ont été verbalisés dans un quartier où des GSM utilisés par des complices bornaient. « À partir de ce moment-là, vous regardez qui habite dans cette zone géographique et vous prenez personne par personne, résumera Isabelle Panou. Untel habite là depuis combien de temps ? A-t-il des antécédents judiciaires ? Vous cherchez les possibilités et vous resserrez de plus en plus le périmètre de vos investigations, jusqu'à isoler deux ou trois maisons. Le problème de la rue de l'Exposition[1], c'est qu'elle était composée de tours d'habitation. Il y a plusieurs centaines de résidents. Alors vous y allez, rue par rue, étage par étage. C'est un véritable travail de fourmi. Et puis vous cherchez des correspondances avec votre suspect. Vous revoyez ses anciens dossiers judiciaires, ses vieux complices, ses proches. Et tous ces gens aussi, vous les étudiez, vous les contrôlez à leur tour. » En l'espèce, ce travail de fourmi aboutit à un appartement rue du Dries à Forest, dans l'agglomération bruxelloise, qui a été loué sous une fausse identité utilisée un temps par un logisticien des attentats de Paris.

1. Une planque dans la banlieue de Bruxelles utilisée par Salah Abdeslam et d'autres membres du commando fin 2015.

À 14 heures, six policiers belges de la DR3 (l'anti-terrorisme du plat pays) et deux policiers français, une de la Crim', un de la SDAT, se présentent devant l'immeuble en début d'après-midi. S'ils ont l'adresse, ils ignorent où se situe l'appartement qu'ils cherchent. Un voisin leur signale que deux individus « discrets et mystérieux » séjournent dans celui du premier étage depuis environ cinq mois.

Les enquêteurs montent au premier et se postent de part et d'autre de la porte. L'un d'eux frappe.

— Police !

Silence.

— Police !

Silence.

— Police !

Silence.

L'agent soulève le paillasson et jette un œil sous la porte dans l'espoir de déceler une éventuelle présence. Toujours rien. Les enquêteurs décident de se servir d'un bélier. Il leur faut une dizaine de coups pour fracturer la porte et se retrouver face au premier signe de vie tangible à l'intérieur. Un fusil d'assaut qui fait feu. Sur eux.

Le propriétaire de la kalachnikov se tient dans le couloir de l'appartement, son arme appuyée sur la hanche. Les policiers ripostent. Le tireur se tord de douleur et se replie dans une chambre. Un second tireur fait feu à travers la cloison et sort sur le palier, d'où il vise la cage d'escalier. Certains policiers se précipitent vers le rez-de-chaussée. L'un d'eux chute et entraîne avec lui ses collègues, dont une enquêtrice parisienne qui s'en tirera avec de multiples contusions aux pieds et à la tête. D'autres se replient dans le grenier, au dernier étage, et rejoignent la rue en passant par les toits. Les forces de l'ordre franco-belges se réfugient le long des façades des maisons jouxtant l'immeuble, à l'abri du feu ennemi. Un voisin vient les avertir : il a vu deux personnes prendre la fuite par les toits.

Rue du Dries, les premiers renforts sont arrivés. À 15 h 23, un groupe d'intervention de la police fédérale pénètre dans l'appartement suspect. Le chef de groupe suit les traces de sang qui conduisent vers une chambre donnant sur la rue et dans laquelle se trouvent trois matelas, une armoire et un homme inanimé. En apparence. Le corps inanimé tient une arme en main. Une balle atteint le casque du policier, lequel perd connaissance et est évacué par ses troupes. À 16 h 42, un chien policier équipé d'une caméra essuie à son tour des coups de feu et doit être aussitôt rappelé. Dix minutes plus tard, un tireur d'élite loge depuis un toit plusieurs cartouches de gaz lacrymogène dans l'habitation afin de débusquer le forcené. Cela n'a pas l'effet escompté. Peu après 18 heures, alors que le groupe d'intervention de la police fédérale s'avance pour l'assaut final, l'occupant des lieux se présente à la fenêtre. Un second tireur d'élite finit par le neutraliser.

Le terroriste, un Algérien de trente-cinq ans recherché pour avoir coordonné les tueries du 13 novembre, est, cette fois, bien mort.

Les experts du laboratoire de la police fédérale de Bruxelles entrent en scène. Ils opèrent en urgence des prélèvements d'empreintes digitales et de traces ADN pour déterminer quels étaient les autres occupants des lieux.

Les premiers résultats permettent d'établir que l'un des deux hommes ayant pris la fuite était Salah Abdeslam.

21 h 05. Un salafiste molenbeekois reçoit un appel.

— Ouais, gros, ça va ou quoi ? lui demande son interlocuteur.

— C'est qui ?

— Je suis là... Je ne suis pas loin de chez toi, insiste l'inconnu, qui n'a pas envie de décliner son identité au téléphone.

Le salafiste molenbeekois comprend de qui il s'agit. Les deux hommes se donnent rendez-vous.

— T'es seul ? T'es seul ? veut savoir l'inconnu.

— Je suis seul, je suis tout seul, le rassure l'islamiste.

— OK, c'est bon.

Au lendemain des attentats du 13 novembre, le salafiste molenbeekois avait été interrogé sur ses relations avec Salah Abdeslam. Depuis, il est sur écoute.

VIII

Vendredi 18 mars. Les forces spéciales frappent à la porte du studio de la mère du salafiste molenbeekois. Il est 16 h 30. Un homme en survêtement, capuche sur la tête, tente de s'enfuir. Mais il écope d'une balle dans les jambes et est menotté.

— Je suis Salah Abdeslam ! s'écrie-t-il.

La cavale de l'homme le plus recherché d'Europe s'achève au bout de quatre mois, rue des Quatre-Vents, à Molenbeek, le quartier de son enfance. À quelques centaines de mètres du domicile de ses parents et du bar qu'il a tenu avec son frère, futur kamikaze dans les rues de Paris.

IX

Mardi 22 mars. Charles se rend à la police. Charles est inquiet. Il est 8 h 20. Ce chauffeur de taxi bruxellois a conduit un peu plus tôt ce matin-là des clients un peu bizarres à l'aéroport de Zaventem. Une drôle d'odeur se dégageait de leurs trois bagages. Comme une émanation de produits chimiques. Alors forcément, quand il a entendu à la radio ce qui s'était passé à l'aéroport, Charles a repensé à ses fichus clients.

Une vingtaine de minutes plus tôt, un kamikaze a fait exploser la bombe artisanale qu'il transportait dans un sac placé sur un chariot dans l'ancien hall des départs à la hauteur du comptoir d'enregistrement de la compagnie Delta Airlines. Onze secondes plus tard, un complice, qui – on l'apprendra plus tard – était l'artificier du 13 novembre, se fait sauter, selon le même procédé à l'autre bout de l'aéroport. L'attentat a fait en moins d'une minute seize morts et des centaines de blessés. Les charges explosives étaient telles que le bâtiment aéroportuaire menace de s'effondrer. Il doit être évacué. Tandis que les secours opèrent dans ces conditions dégradées, les enquêteurs belges épluchent déjà les images de vidéosurveillance. Ils ont retrouvé la trace de trois hommes poussant autant de chariots sur lesquels reposent des sacs de voyage. Ils les voient consulter le tableau des horaires, déambuler dans les allées et prendre une consommation dans une boulangerie. L'un d'eux ouvre chacun des trois bagages. Les trois suspects se coordonnent puis se séparent.

Lorsque survient la première explosion, le terroriste coiffé d'un chapeau sursaute et abandonne son chariot à proximité de la boulangerie. Il s'adosse contre un mur, se bouche les oreilles et attend la seconde explosion. Pendant ce temps, l'artificier du 13 novembre court avec les voyageurs qui fuient à l'autre bout du hall et se fait exploser parmi eux. Ses deux complices morts avec leurs victimes, l'homme au chapeau traverse le hall, sort de l'aéroport en direction de l'hôtel Sheraton.

Les policiers montrent à Charles une photographie extraite des caméras de surveillance de l'aéroport de Zaventem. Le chauffeur de taxi reconnaît ses trois clients. Il se souvient encore de l'adresse où il est allé les chercher. Le 4 de la rue Max-Roos à Schaerbeek.

Entre-temps, un autre commando s'est dirigé vers une bouche de métro. L'un de ses deux membres, un Suédois passé par la katibat des forces spéciales de l'État islamique, fait faux bond. Il a peur de mourir. Le second, après avoir copieusement enguirlandé son complice, descend se faire sauter dans une rame, tuant aussi seize passagers avec lui. La réplique des attentats de Paris a fait trente-deux morts dans la capitale belge.

Au 4 de la rue Max-Roos, le groupe d'intervention de la police fédérale s'assure qu'il n'y a plus de terroristes dans l'appartement où les services de déminage de l'armée découvrent une quinzaine de kilos de TATP, de l'acétone, un bidon de 30 litres d'eau oxygénée et une vingtaine de bocaux usagés. Un drapeau de l'État islamique trône dans le salon.

La perquisition est encore en cours quand des éboueurs se manifestent. À l'occasion de leur tournée matinale, ils ont été surpris de voir un ordinateur portable, une tablette, un GSM et deux cartes SIM au fond d'une poubelle face au numéro 4 de la rue. Ils les ont sauvés de la benne. Mais lorsqu'ils veulent allumer l'ordinateur, apparaît en fond d'écran la photo de sept hommes, encagoulés et armés, en arc de cercle sous un arbre, des drapeaux djihadistes derrière eux, et l'individu au centre qui fait mine de lire un document sur lequel on distingue le logo de l'État islamique. Effrayés, les éboueurs rapportent l'ordinateur aux policiers.

Cet ordinateur sauvé de peu de la benne et de la prédation recèle trois secrets.

D'abord, l'architecture des attentats de Paris. Dans le disque dur, les experts vont exhumer un dossier intitulé *13 novembre*, composé de plusieurs sous-fichiers baptisés *groupe Omar*, *groupe Français*, *groupe Irakiens*, *groupe Schiphol* et *groupe métro*. La juge Panou fera le rapprochement entre les intitulés des sous-dossiers et le déroulé du 13 novembre : « Omar » était le surnom d'Abdelhamid Abaaoud, le leader du commando qui a pris pour cible les terrasses des cafés parisiens. Le Bataclan a été attaqué par des kamikazes français. Deux des hommes qui se sont fait exploser au Stade de France étaient des ressortissants irakiens. Reste une zone d'ombre quant aux groupes « Schiphol » et « métro ». S'agissait-il de cibles qui devaient être frappées ? Le 13 novembre, le Suédois passé par les forces spéciales de l'organisation terroriste et un complice étaient prétendument allés faire un repérage à Schiphol, l'aéroport d'Amsterdam. « Nous ne pouvons évidemment passer à côté du parallélisme avec les attentats de Bruxelles au cours desquels un aéroport ainsi qu'un métro ont été frappés », écrira Isabelle Panou.

La mémoire de l'ordinateur révèle ensuite le projet qui occupait les survivants de la cellule terroriste et qui aurait été le sien si les forces de l'ordre belges n'avaient pas bousculé leur calendrier en interpellant Salah Abdeslam. Dans un message audio envoyé quelques jours plus tôt à celui qui le pilote depuis Raqqa, l'artificier du 13 novembre ne cache pas vouloir à ce moment-là frapper de nouveau l'Hexagone. Prévoyant, il demande que le service de presse de l'État islamique prépare un communiqué stipulant : « Cette année, il n'y aura pas d'Euro ! Et on va vous faire perdre, on va tuer vos supporters. » L'artificier envisageait de remplir une camionnette de sept cents kilos d'explosifs.

Enfin, quand il dépose ses messages audio sur une boîte aux lettres morte numérique, il prend garde de marquer sa déférence vis-à-vis de son interlocuteur.

— Après tu vois, c'est toi. Ça reste toi, l'émir, tu vois ? C'est toi qui décides.

Cet émir, celui qui donne ses ordres aux membres d'un commando qui depuis quatre mois ensanglante l'Europe, l'artificier l'appelle Abou Ahmed.

X

Mercredi 25 mai. Par rapport à certains autres jours, il y a foule parmi les députés. Une quinzaine d'entre eux siègent loin des caméras en cette fin d'après-midi. Dans le cadre de la commission d'enquête dédiée aux attentats de 2015, ils vont entendre à huis clos le patron de la DGSE.

Dans le flot de questions que les élus adressent à Bernard Bajolet, le député François Lamy en pose une toute simple.

— Connaît-on les commanditaires des attentats du mois de novembre ?

— Nous connaissons le commanditaire, mais je resterai discret sur ce point. Nous avons maintenant une bonne connaissance de l'organigramme et de la façon dont s'organise le soi-disant État islamique [...]. Nous avons bien progressé sur ces sujets, nous avons donc une idée de l'identité du commanditaire.

Cet aveu suscite un certain émoi, dans les médias, comme parmi les victimes. Le contenu de l'ordinateur trouvé dans une poubelle belge n'a pas encore été versé dans le dossier d'instruction français et a encore moins fuité dans la presse.

À l'Assemblée nationale, personne ne relance le patron de la DGSE.

Il faudra attendre son audition fin juillet par Christophe Teissier, le juge instruisant alors le dossier du 13 novembre. Pour l'occasion, le magistrat se déplace aux Invalides. L'audition va durer une dizaine de minutes. Pas plus.

— Pouvez-vous donner le nom du commanditaire des attentats du 13 novembre 2015 qui serait de façon générale, si l'on suit vos propos, l'organisateur au sein de l'État islamique [de tous les] attentats ?

— Je ne peux pas donner le nom du commanditaire et de ses collaborateurs en raison de la sensibilité de nos sources, répond Bajolet qui ne veut pas révéler l'existence de la taupe que son service a placée dans l'environnement de la cellule des opérations extérieures de l'organisation terroriste.

— Je peux simplement indiquer, poursuit-il, qu'il s'agit d'un processus itératif dont les acteurs subordonnés peuvent changer d'un projet à l'autre.

— Y a-t-il sur ce point des documents classifiés ?

— La demande de déclassification mettrait en danger la vie de nos sources sur le terrain.

— Y a-t-il eu sur ce point des échanges d'informations avec la DGSI ? veut se rassurer le magistrat.

— La coopération entre la DGSE et la DGSI en matière de terrorisme est d'une parfaite fluidité.

Fin de l'audition. Circulez. Il n'y a plus rien à voir.

Cinq ans plus tard, lors de son témoignage au procès V13, il en dira un peu plus. Bien sûr, il pensait à Abou Ahmed, l'émir mentionné dans les conversations retrouvées dans l'ordinateur des terroristes. « Mais, devant la commission d'enquête, si je révélais son surnom, il en aurait changé immédiatement, et ça aurait perturbé nos recherches. »

Ce que Bernard Bajolet n'a pas dit non plus : au moment des attentats, la DGSE travaille déjà depuis plus d'un an sur cet Abou Ahmed. Plus exactement depuis le 19 avril 2014 et le retour en France des quatre journalistes français otages de l'État islamique. Les quatre hommes sont débriefés par le service de renseignement extérieur. Le reporter de guerre Didier François, qui lors de sa nomination à la Légion d'honneur sera présenté dans le *Journal officiel* comme *consultant défense, 37 ans de services*, a une anecdote à raconter à son officier traitant de la DGSE.

En janvier 2014, l'État islamique a été chassé d'Alep et de ses environs par les autres groupes rebelles syriens, excédés par les exactions de l'organisation terroriste. Dans la précipitation et dans la nuit, un convoi se forme en direction de Raqqa. Mais dans sa course cahotante sur des pistes secondaires, le pick-up où ont été entassé les otages occidentaux finit par se perdre.

Sur la piste du convoi perdu, un jeune Belge, le futur artificier des attentats du 13 novembre, ne sait plus où il faut tourner dans la nuit. C'est là qu'intervient le chauffeur du pick-up. Devant les otages, celui qui porte des lunettes de vue – chaque jour un modèle différent – ne s'exprime qu'en arabe. Il a pour *kounya* Abou Ahmed al-Iraki, ce qui laisse entendre des origines locales. Mais il cache son jeu. Au moment où le chauffeur rassure le jeune Belge dans l'habitacle, Didier François perçoit ses mots :

— Ça va aller, mec, ça va aller.

Abou Ahmed vient de parler en français.

Comme souvent avec les plus hauts membres de l'État islamique, les apparences s'avèrent trompeuses. Abou Ahmed ne serait pas qu'un simple chauffeur. « Je pense qu'il avait un rôle plus important, estimera Didier François. Lorsque [le jeune Belge] était énervé car il semblait perdu, Abou Ahmed était plus calme et semblait prendre le contrôle de la situation. »

Et quelques jours plus tard, quand les otages occidentaux emprisonnés dans une maison sur les rives de l'Euphrate reçoivent la visite d'un cacique de l'organisation terroriste, Abou Ahmed l'accompagne et fait office de traducteur.

Au printemps 2015, l'étudiant Sid-Ahmed Ghlam, en train de préparer un attentat à Villejuif, discute avec l'Algérien alors à la tête de la cellule des opérations extérieures de l'État islamique.

— Je pense qu'Abou Ahmed t'en a déjà parlé, dit-il à son émir, confirmant l'intuition de Didier François, cet Abou

Ahmed est au cœur des projets criminels de l'organisation terroriste ciblant l'Europe.

Ce que Bernard Bajolet n'a pas dit : la taupe de la DGSE va préciser que cet Abou Ahmed a remplacé, après la tuerie manquée de Ghlam à Villejuif, l'émir algérien ayant planifié les premiers attentats en France, celui-ci n'ayant pas donné pleinement satisfaction. Et c'est Abou Ahmed qui depuis Raqqa dirigeait sept mois plus tard les commandos de tueurs dans Paris.

XI

Vendredi 17 juin 2016. Il est 18 h 19 lorsque Malika reçoit un appel d'un numéro de téléphone turc. Elle reconnaît tout de suite la voix de son fils.

— Ta femme, elle n'a pas encore accouché ? lui demande Malika.

— Normalement, ça doit se faire ces jours-ci, elle a terminé le neuvième mois mais elle n'a pas encore accouché.

Le téléphone de Malika est placé sous écoute par la police fédérale belge à cause de son fils, un vétéran du djihad belge connu sous l'identité d'Oussama Atar.

— Essaie de me tenir au courant quand ta femme elle va accoucher si possible, relance Malika.

Oussama Atar reproche à sa mère son manque de curiosité.

— Tu ne m'as pas dit quel nom je voulais l'appeler : Ahmed.

XII

Mercredi 21 septembre. Six mois plus tôt, la police fédérale belge a arrêté les deux derniers membres du commando en fuite. L'homme au chapeau de Zaventem et le Suédois qui a rechigné à se faire sauter dans le météo de Bruxelles. De son côté, le FBI a pointé du doigt un réfugié en Allemagne qui, ont-ils déduit de communications sur Facebook, ouvrait la route des Balkans à Abdelhamid Abaaoud dans le courant de l'été 2015. La DGSI a recoupé l'information avec le témoignage d'un djihadiste se disant repenti qui était justement en lien sur Facebook avec le suspect désigné par les Américains. La première cellule terroriste djihadiste à avoir réussi à frapper deux fois de suite l'Europe est désormais démantelée.

Les policiers français restés en Belgique s'apprêtent à prendre le chemin du retour. Au printemps et à l'été 2016, les attentats de Magnanville, de Saint-Étienne-du-Rouvray, de Nice ont conduit à mobiliser les effectifs de la lutte anti-terroriste sur d'autres objectifs, à repartir sur de nouvelles enquêtes.

Oui, mais il manque le commanditaire du 13 novembre (et maintenant du 22 mars).

Ce mercredi-là, la juge bruxelloise Isabelle Panou reçoit un courriel d'un enquêteur de la police fédérale belge. « Je me rappelle très bien ce mail qui reprenait tous les indices, et concluait : "Abou Ahmed, c'est Oussama Atar." »

En réalité, le verbatim exact en conclusion du procès-verbal envoyé par un commissaire de la police fédérale est : Au vu de ce qui précède, il est fort possible que Abou Ahmed et Atar Oussama soient la même personne.

Quoi qu'il en soit, c'est un vieux client de l'anti-terroriste d'outre-Quiévrain.

En février 2005, Oussama Atar avait été arrêté puis condamné à dix ans de prison par un tribunal irakien pour avoir pénétré illégalement dans le pays, puis incarcéré à Abou Ghraib et au camp Bucca où se trouvaient les futurs dirigeants de l'État islamique.

La famille d'Atar avait milité auprès des autorités belges pour sa libération au prétexte d'une tumeur au rein, des rassemblements très médiatisés avaient été organisés. Tant et si bien qu'il avait été rapatrié. Libéré en 2012, deux ans avant la fin de sa peine, et manifestement guéri de son cancer, Oussama Atar ne s'était pas éternisé en Europe. Il avait rejoint la Syrie en décembre 2013.

« L'enquêteur principal de la police fédérale qui a travaillé sur les attentats de Paris avait interrogé Atar en 2012, révélera la juge Panou. Aussi, j'ai très fermement insisté auprès des autorités françaises pour qu'elles soumettent les photos d'Atar aux "Autrichiens[1]" qui l'avaient vu physiquement. Nous, on était sûrs que c'était lui. »

Un mois plus tard, le juge d'instruction Jean-Marc Herbaut interroge dans son cabinet parisien l'un des « Autrichiens », le premier à avoir désigné Abou Ahmed comme le donneur d'ordre. Le magistrat lui présente un album photographique, l'Algérien désigne la première photo, celle d'Oussama Atar. Puis il prévient :

1. Le juge désigne là les terroristes algérien et pakistanais interpellés à Salzbourg.

— Je dois vous dire que j'ai peur de ce qui pourrait arriver à ma famille. Je fais des rêves où je vois des hommes courir après mes frères…

Dans les derniers jours de l'année, la justice française émettra un mandat d'arrêt international à l'encontre d'Oussama Atar alias Abou Ahmed pour « direction d'une association de malfaiteurs terroristes, complicité d'assassinats » et sept d'autres crimes dans le cadre des attentats du 13 novembre.

Entre-temps, le commanditaire présumé des tueries parisiennes et bruxelloises va adresser un message aux autorités belges.

XIII

Lundi 10 octobre. Asma Atar est entendue, à sa demande, par la police fédérale belge. Elle est l'une des trois sœurs d'Oussama. Trois jours plus tôt, elle a échangé sur les réseaux sociaux avec son frère. Via un intermédiaire. Cela fait plusieurs mois qu'elle est contactée sur son compte Facebook par un individu qui lui pose des questions pour s'assurer qu'elle est bien celle qu'elle prétend être et que ce n'est pas un policier qui a pris possession de son compte. Une fois passé cette étape de vérification, l'intermédiaire lui adresse des photos de famille d'Oussama à Raqqa.

Cette fois, son frère lui a fait envoyer un message à transmettre à leur génitrice.

Chère mère,

J'espère de tout cœur que ma lettre te trouvera en très bonne santé malgré tout ce que ces criminels te font subir à toi et toute la famille. Je me permets de t'écrire ces quelques mots pour te rassurer sur plusieurs points. [...] *je te rassure par rapport à tous les mensonges et la diffamation qui a été menée ces derniers temps dans les médias à mon propos : non, je ne suis pas le mentor ou le cerveau qui a mis en place les attaques de Bruxelles* [...]. *Non je ne suis pas Oussama Ben Laden, ni la main droite d'Abou Bakr al-Baghdadi.*

Ton fils qui t'aime, Oussama

Le courrier contient également une adresse à sa sœur.

Asma, préviens ces chiens rageux que je t'ai envoyé une lettre pour pas qu'ils ne fassent de toi la terroriste la plus dangereuse d'Europe.

L'intermédiaire qui envoie le message sur Facebook insiste à plusieurs reprises pour que la femme signale à la police qu'ils sont entrés en contact.

XIV

Mercredi 12 avril 2017. Dimitri est un enquêteur à la DR3, la division au sein de la police fédérale belge chargée de la lutte anti-terroriste. En temps normal, il traque donc les terroristes. Ce matin-là, il établit un budget prévisionnel qu'il va soumettre en début d'après-midi à Isabelle Panou. Durant quatre jours, la juge d'instruction, une procureure et trois agents de la DR3 doivent séjourner à Vienne. Alors Dimitri pianote sur Internet, sort sa calculette et annonce la douloureuse. Cinq billets d'avion (taxes comprises), les taxis, les transports en commun, cinq chambres simples « pour quatre nuitées », les repas, etc. Cela coûtera au ministère de la Justice belge 6 950 euros. Le devis sera validé, et la petite équipe s'envolera pour l'Autriche. Au total, l'enquête sur les attentats parisiens coûtera 800 000 euros à la Belgique.

L'objet de la mission viennoise : interroger un certain Abou Hamza. La police hongroise a arrêté en juillet 2016 ce Syrien recherché par les Autrichiens dans le cadre d'une affaire de trafic d'êtres humains. En poursuivant les investigations, les services de renseignement hongrois déterminent que leur client est le titulaire d'un compte Facebook faisant l'apologie du djihad et surtout que ce compte Facebook est lié à un numéro de téléphone dont la géolocalisation en amont du 13 novembre va se révéler très embarrassante pour son titulaire. Depuis ce portable, Abou Hamza a réservé le 10 septembre 2015 un taxi alors qu'il se trouvait dans les environs du Grand Park Hôtel de Budapest où prenaient leurs quartiers, à ce moment-là, les trois futurs kamikazes du Bataclan.

Et trois jours avant les tueries parisiennes, son téléphone a rejoint, toujours à Budapest, celui d'un autre Syrien, voyageant sous une fausse identité, mais qui se révélera être l'expert en explosifs de l'État islamique envoyé pour prodiguer ses conseils à l'artificier du commando.

De quoi justifier la sérieuse envie des enquêteurs belges d'aller entendre en Autriche ce passeur confondu par le fruit d'une sérieuse enquête hongroise.

Vendredi 21 avril. Quand le juge d'instruction français Christophe Teissier s'enquiert des informations collectées par les services de renseignement hongrois, on lui répond que tout a déjà été tout transmis aux Belges cosaisis... Et lorsque le magistrat du pôle anti-terroriste reçoit finalement les pièces de la procédure autrichienne concernant cet Abou Hamza, ce sont 65 pages de procès-verbaux rédigés en allemand qu'il serait utile de traduire avant d'aller interroger le suspect dix jours plus tard. Les traducteurs du palais de justice sont sous l'eau, alors le juge Teissier sollicite l'aide d'Eurojust, l'agence européenne de coopération judiciaire, qui va retranscrire en urgence une grosse partie de la procédure.

Mardi 2 mai. En fin de matinée, la porte de la salle 307 du palais de justice de Vienne s'ouvre sur un Abou Hamza sous escorte policière. L'attend la procureure autrichienne Kristina Jahn qui, formellement, va conduire l'audition. À ses côtés, le procureur parisien Nicolas Le Bris et une homologue bruxelloise, et les juges Jean-Marc Herbaut, Isabelle Panou, Christophe Teissier.

Kristina Jahn questionne Abou Hamza sur le numéro de téléphone qui le relie aux terroristes du 13 novembre.

— Non, ce n'était pas le mien. Il se peut que ce soit le mien… Je ne le sais pas… Je ne suis pas sûr.

— Ce serait important…

— Ce n'est pas mon numéro. Non, ce n'est pas mon numéro !

La magistrate autrichienne lit les questions que lui glissent ses collègues belges et français.

— Pourquoi faites-vous aujourd'hui toutes ces difficultés pour le reconnaître ? Le 10 octobre 2016 vous avez dit aux policiers autrichiens que c'était votre numéro. Pourquoi le reconnaissez-vous si vite en octobre 2016 et si difficilement aujourd'hui ? Avez-vous quelque chose à cacher ?

Abou Hamza s'embrouille, Abou Hamza bafouille. Mais Abou Hamza ne se trahit pas.

Non, il n'était pas au Grand Park Hôtel avec les futurs assassins du Bataclan. Non, il ne connaît pas l'expert en explosifs qu'il a aidé à passer la frontière hongroise. Oui, il a pu transporter des migrants mais pas des terroristes, en tout cas « ce n'était pas écrit sur leur front ». Non, il n'a pas de contact avec son neveu qui combat dans les rangs de l'État islamique. Non, contrairement à ce qu'a déclaré son épouse, lui-même n'adhère pas à l'idéologie de l'organisation terroriste depuis que leur fils de 13 ans a été tué par les troupes de Bachar al-Assad.

— Vous avez le droit de mentir, mais moi j'ai le droit de ne pas vous croire, s'exaspère Kristina Jahn.

En vain. Durant quatre heures, Abou Hamza maintient sa version.

Les magistrats doivent se rendre à l'évidence, ils ne peuvent pas déterminer que le passeur avait connaissance de l'appartenance à l'État islamique de certains de ses clients. Ils resteront avec leurs forts soupçons.

Malgré les très bonnes volontés autrichienne et hongroise, ce volet n'aboutit pas. D'autres pistes sont empêchées par « l'absence de coopération » de certains pays. « Les Turcs sont très restrictifs…, regrettera Bernard Bajolet. Ils considèrent que nous ne sommes légitimes à leur demander des choses que sur les ressortissants français. »

XV

Samedi 14 octobre. Appuyées par l'aviation russe, les forces gouvernementales syriennes pénètrent dans Mayadin. Alors que Raqqa était sur le point d'être encerclée par les milices kurdes, les principales administrations de l'organisation terroriste avaient été délocalisées au printemps 2017 dans cette ville logée sur les bords de l'Euphrate, à proximité de la frontière irakienne. Un mouvement qui n'avait pas échappé au Mossad. Le service de renseignement israélien avait alerté ses homologues français que les cadres impliqués dans la planification des tueries parisiennes dormaient désormais dans les environs de Mayadin. Dont Oussama Atar.

Au sein de la communauté djihadiste belge et française restée en Syrie, celui qui se fait appeler Abou Ahmed est considéré comme « le boss, le patron derrière les attentats », comme le racontera un revenant. « Une légende, tout le monde en parle mais personne ne le voit jamais », poursuivra le revenant précité qui connaît un djihadiste qui connaît un émir qui connaît Abou Ahmed. « Il y a très peu de personnes qui peuvent lui parler… », conclura-t-il.

Parmi les rares élus, le Londonien Alexander Kotey. « Nous avons un peu discuté de la situation à cette époque », se souviendra Kotey.

Oussama Atar a également un service à lui demander.

Le Belge ne pilote plus la cellule des opérations extérieures. Il a été nommé émir « des provinces éloignées », c'est-à-dire des organisations terroristes au Nigéria, en Afghanistan ou dans le Sahel qui avaient prêté allégeance à l'État islamique.

Il leur donnait des conseils sur la façon de mener leurs activités, des conseils religieux. Il les orientait afin qu'elles se calquent sur le système en place en Syrie-Irak », détaillera Kotey.

Ce soir-là, Oussama Atar est embêté, il doit répondre à un message émanant des Philippines. Et il ne parle pas anglais. Aussi, il demande au Britannique Kotey de le lui traduire. « Ils avaient des questions sur la manière de partager le butin de guerre, la manière de gagner de l'argent, de recevoir des subsides de la trésorerie de l'État islamique, etc. » Un *mufti* accompagne Abou Ahmed pour l'aider à trancher les questions religieuses. Une fois la traduction du message faite, Oussama Atar dicte ses réponses.

Ce dîner est une exception, d'habitude c'est Kotey qui doit se rendre chez son émir. Toujours habité par le souci de rester discret, Abou Ahmed travaille depuis chez lui et reçoit Kotey toutes les nuits dans son salon afin que le Britannique lui fasse son rapport.

Ce soir-là, quand l'émir quitte le domicile de Kotey, les deux djihadistes l'ignorent mais c'est la dernière fois qu'ils se voient. Les combats se rapprochant de Mayadin, Oussama Atar est nommé adjoint du diwan al-Jund, le bureau des soldats. Même pour Kotey, il y a désormais des intermédiaires entre Atar et lui. Des précautions de plus en plus nombreuses et pourtant insuffisantes.

Il reste à Oussama Atar un mois à vivre.

XVI

Mercredi 13 décembre. Isabelle Panou écrit un mail officiel à Christophe Teissier. De juge d'instruction bruxelloise à juge d'instruction parisien. Pour lui indiquer qu'elle lui envoie les 122 premiers tomes qu'elle a pu clôturer à ce jour. Au début de l'enquête, les procès-verbaux belges étaient versés dans la procédure française au compte-gouttes. Vu la quantité, cela est vite devenu ingérable. Les magistrats des deux pays se sont concertés et ont décidé de s'envoyer des pans entiers de leurs instructions respectives, à intervalles réguliers. Pour plus de lisibilité et surtout pour ne rien oublier. Cela n'est pas suffisant. « On a travaillé, hélas, de manière artisanale, pointera la juge Panou. Car si les magistrats peuvent s'entendre, si les policiers collaborent, les ordinateurs ne collaborent pas. » Les ordinateurs des justices française et belge ne sont pas compatibles et les systèmes d'indexations diffèrent.

Alors la greffière de la magistrate scanne en double exemplaire les procès-verbaux. Un pour le dossier belge, un pour le dossier français. « Et, quand on arrivait à un certain nombre de nouvelles pièces, on les envoyait en France et le greffier de Jean-Marc Herbaut[1] intégrait les pièces selon la numérotation française. » Puis la copie de la procédure à destination de la France voyage jusqu'à Paris « par camionnettes entières ».

1. Le juge d'instruction qui remplacera à la tête des magistrats en charge du dossier Christophe Teissier quand celui-ci quittera le pôle anti-terroriste.

Parfois, c'est même encore plus prosaïque. Par exemple, quand l'imprimante du cabinet bruxellois tombe en panne alors que la police fédérale s'apprête à opérer un coup de filet. « On était un dimanche, et il n'y avait personne pour la dépanner. Heureusement que j'avais suffisamment d'exemplaires de mandats de perquisition vierges, racontera Isabelle Panou. Je n'ai plus eu qu'à compléter, mettre le numéro de procédure, la date, l'adresse, l'infraction. Sauf que j'ai dû répéter 45 fois l'opération... Des fois, c'est tellement bête. On me dit : "De quoi as-tu besoin ?" Je réponds toujours : "J'ai juste besoin d'une juriste, d'une imprimante et d'une photocopieuse." Mais même ça, parfois, on ne l'a pas. C'est paradoxal : on est en train de parler de commissions rogatoires internationales au Pakistan, en Hongrie, et de problèmes de photocopieuses... »

Malgré ces petites contrariétés, la coopération entre les magistrats et enquêteurs français et belges sera « de grande ampleur et d'excellente qualité », soulignera l'ordonnance de mise en accusation qui renverra vingt hommes devant une cour d'assises spécialement composée. Et huit de ceux qui se tiendront dans le box des accusés auront été arrêtés par les forces de l'ordre belges.

Lors de son passage à la barre des témoins, le commissaire SDAT 99 détaillera l'architecture d'une « enquête totale » ayant permis d'identifier « l'ensemble des auteurs, leurs complices et le commanditaire » de « l'opération la plus complexe réalisée par l'État islamique en dehors de ses frontières ». Il résumera quatre ans d'investigations, « 542 tomes de procédure », le travail de « 1 000 enquêteurs français », des développements « dans 25 pays », « 2 259 auditions de témoins ». « Au final, ce dossier, ce sera 46 919 procès-verbaux », dira-t-il. L'un des derniers, le PV 43 781 n'avait, jusqu'ici, pas livré tous ses secrets.

XVII

Mercredi 14 août 2019. C'est un procès-verbal glissé en toute fin d'une instruction. Il a pour objet *Individus décédés apparaissant dans l'enquête* et pour auteur l'agent SI 948. Huit maigres pages composées principalement de photos anthropométriques et de communiqués du Pentagone ou de la Maison, Blanche annonçant la mort d'un djihadiste. SI 948 se contente de résumer le communiqué et/ou l'implication présumée du défunt dans les tueries parisiennes. Cela concerne dix hommes. Six francophones, un Britannique et trois Syriens.

Le haut de la page 6 est chichement occupé par une photo de la taille d'un timbre et de ces quelques lignes :

> *Selon des informations issues de la coopération internationale, Oussama ATAR a été neutralisé lors d'une frappe aérienne sur son véhicule en novembre-décembre 2017 à proximité de la localité syrienne d'Abou Kamal.*

SI 948 se révèle peu disert pour évoquer la fin du commanditaire des attentats du 13 novembre. Les centaines de milliers de pages du dossier d'instruction ne l'avaient pas encore abordée. Les faits remontent au 17 novembre 2017, soit deux ans presque jour pour jour après le massacre qu'Atar a piloté.

Surtout l'agent SI 948 (ou ses supérieurs) semble prendre quelques libertés avec la vérité quand il écrit que son service est au courant de la mort d'Atar grâce à « des informations de la coopération internationale ». Certes, le terroriste belge a été tué par une frappe de drone américain. Mais la DGSI n'ignore pas que le tuyau ayant permis son élimination provenait de l'autre côté de Paris, du boulevard Mortier. Comme six sources le confirmeront.

« Le renseignement qui conduit à la neutralisation d'Atar est français, se félicitera l'une d'elles. La DGSE était le service de renseignement qui connaissait peut-être le mieux l'organigramme de la cellule des opérations extérieures. Toutes ces éliminations ont été faites sur renseignement français et mises en œuvre par des moyens français ou américains. » En revanche, aucune de ces sources n'a voulu dire (ou ne savait) comment le service de renseignement extérieur est parvenu à localiser l'émir belge si discret, ni si le travail de sa taupe avait fini par payer.

Dans une note consacrée à la mort d'Oussama Atar, la DGSE se réjouit qu'il ait été mis ainsi fin à l'existence du « dernier cadre en vie parmi les responsables des opérations extérieures de l'EI impliqués dans l'attentat du 13 novembre 2015 ».

Une fois encore, il n'est pas inintéressant de relire les déclarations de Bernard Bajolet devant la commission d'enquête parlementaire dédiée aux attentats : « Nous fournissons des renseignements à la coalition, notamment ce que nous appelons des points d'intérêt. Nous avons fourni, aussi bien pour l'Irak que pour la Syrie, de très nombreux points d'intérêt, qui sont ensuite exploités. » Des propos tenus un an avant la neutralisation d'Oussama Atar mais après les premières éliminations d'émirs impliqués dans les attentats du 13 novembre.

Le 17 novembre 2017, en tout cas, plusieurs sources soulignent l'euphorie certaine qui règne boulevard Mortier. Un officier traitant s'amuse à faire à ses interlocuteurs une même blague : « J'ai la tristesse de t'annoncer qu'Oussama Atar est décédé dans un tragique accident de voiture impliquant un missile. »

QUATRIÈME PARTIE

Six ans plus tard

I

Mercredi 8 septembre 2021. Elle était prévue pour 12 h 30, la cour s'annonce à 13 h 18. Un retard imputable à « un problème technique », s'excuse Jean-Louis Périès, le président de la cour d'assises, sans préciser la nature de ce problème technique. Sans temps mort, le magistrat s'attelle à l'état civil des vingt accusés qui vont être jugés durant neuf mois pour leur participation aux attentats du 13 novembre 2015. Dans le box, les 11 hommes qui comparaissent détenus (trois autres siègent entre deux rangées d'avocats, libres ; les 6 derniers sont présumés décédés en Syrie) sont assis de droite à gauche selon l'ordre alphabétique.

— Monsieur Abdeslam, levez-vous, s'il vous plaît, demande le juge Périès.

L'unique survivant du commando ayant perpétré les tueries de masse à Paris et Saint-Denis s'approche du micro dressé dans le box des accusés.

Salah Abdeslam, tout de noir vêtu, les cheveux mi-longs coiffés en arrière, une barbe drue, à l'exception de la moustache, rasée, enlève son masque chirurgical, noir lui aussi.

— Tout d'abord, je tiens à témoigner qu'il n'y a pas de divinité à part Allah et que Mohamed est son messager.

Le terroriste est en train de réciter la *chahada*, le premier des cinq piliers de l'islam et la profession de foi musulmane ; réitérant là ce qu'il avait déclaré lors de son procès en Belgique en février 2018 pour son implication dans une fusillade lors de sa cavale, un crime qui lui avait valu une première condamnation à vingt années de réclusion criminelle.

Alors que Salah Abdeslam achève à peine de réciter la *chahada*, Jean-Louis Périès le coupe :

— On verra ça plus tard !

Puis il lui demande sa date de naissance, les noms et prénoms de ses parents. C'est une formalité, ils figurent dans le dossier d'instruction. Mais l'accusé rétorque : « les noms de mon père et de ma mère n'ont rien à faire ici ».

Le magistrat les donne à sa place avant de demander maintenant à Abdeslam sa profession.

— J'ai laissé toute profession pour devenir combattant de l'État islamique, déclare calmement le terroriste accusé d'être impliqué dans l'assassinat de 130 personnes.

Le procès, qui a à peine commencé depuis une dizaine de minutes, connaît son premier moment de flottement.

Le président de la cour d'assises dédramatise ce qui retentit autant comme un aveu que comme une provocation.

— J'avais « intérimaire », fait mine de s'étonner Jean-Louis Périès.

Le procès des attentats les plus meurtriers jamais commis en France vient de débuter.

II

Mercredi 22 septembre et lundi 11 octobre. Arnaud, Christophe et Guillaume témoignent en costume cravate, sans doute par déformation professionnelle mais, à les écouter, ils sont nus. À vif. Ils sont des héros ou des victimes de cette nuit-là mais laissent percevoir la culpabilité ou la colère qui les rongent. À mille lieues du discours policé qu'on a l'habitude d'entendre de la part d'hommes et de femmes qui exercent leurs fonctions. Arnaud, Christophe et Guillaume sont commissaires de police.

Grand de taille, droit de posture, Guillaume, quand il prend la parole, commence par présenter ses excuses.

— Ce soir-là, nous avons fait le maximum de ce que nous pouvions faire. Nous sommes même allés au-delà de nos capacités opérationnelles. Nous aurions voulu en sauver plus et nous portons le poids de la culpabilité comme tous les policiers, depuis ce jour…

On ne le dirait pas à l'entendre ainsi faire part de ces regrets qui le rongent mais cet homme est un authentique héros. Le commissaire qui a tué le premier terroriste du Bataclan. Avec ses cheveux poivre et sel et sa tenue sage, il raconte sans en rajouter ce qui l'a conduit à entrer seul avec le brigadier qui lui faisait office de chauffeur dans la salle de concert sous le feu des terroristes, sans attendre les ordres.

Depuis, le commissaire de la BAC-N a changé de poste (sa nouvelle affectation est tue, par sécurité, lui qui est un tueur de terroristes). Celui qui dit avoir connu personnellement Ahmed Merabet, le policier abattu par les frères Kouachi au sortir du massacre de la rédaction de *Charlie Hebdo* onze mois avant le 13 novembre, avoue ne plus pouvoir se rendre dans un cinéma, un théâtre, n'importe quel lieu fermé, sans porter son arme de service.

Lorsque vient le tour des parties civiles pour poser leurs questions au commissaire de la BAC-N, quatre avocats se lèvent en même temps. Tout le monde veut lui exprimer sa gratitude. Et pourtant, malgré l'avalanche de remerciements, de compliments qui pleuvent sur le commissaire de la BAC-N, celui-ci continue de ressasser ses regrets.

— Je me dis que peut-être qu'on aurait pu extraire des personnes qui étaient à quelques mètres de nous, les tirer…

L'action du commissaire et de son chauffeur a sauvé plusieurs dizaines de vies, cette nuit-là, mais c'est aux autres, celles pour lesquelles il n'a rien pu faire, qu'il songe.

Comme beaucoup d'autres victimes, Arnaud arbore un tour de cou rouge qui signifie qu'il ne souhaite pas être importuné par les médias à la sortie de l'audience. Âgé de 44 ans et désormais paraplégique, il est ce commissaire de l'Eure qui est sorti du Bataclan en rampant. Ses premiers mots sont ceux d'un policier pour décrire les terroristes, qu'il a vus « tirer dans le tas ». Il évoque des individus « de type nord-africain » munis « d'armes longues ». Leurs premières victimes étaient ceux ayant eu la malchance d'être « au contact » des assassins. On croirait lire un procès-verbal.

Puis, Arnaud oublie sa fonction pour raconter son histoire, sa blessure. Ses blessures. Plus de sensations dans les jambes et des douleurs neuropathiques partout ailleurs. Le paraplégique a subi dix opérations. Pas pour l'aider à remarcher. Au contraire, une chirurgie destructrice pour apaiser des douleurs qui le font « pleurer, crier ». Alors Arnaud ne goûte guère les lamentations de Salah Abdeslam.

— J'ai entendu un accusé se plaindre de ses conditions de détention. Moi, je me bats du matin jusqu'au soir et je ne pleurniche pas.

Là où les autres victimes ignorent les accusés, adressent un message d'espoir en détaillant le réconfort reçu cette nuit-là par des inconnus, en racontant cette grande famille reconstituée que composent les survivants, Arnaud, lui, se concentre sur ceux dans le box et implore la cour d'assises de prononcer des peines exemplaires, « en broyant » les accusés. Pour servir d'exemple, pour « passer un message dur » à ceux qui, dehors, pourraient être amenés « à filer un coup de main à des types comme eux ».

Sur question de son avocat, l'homme en fauteuil roulant explique qu'il a du mal « à aller là où il n'y a pas des hommes armés… » Comprendre pour assurer sa sécurité. Dans l'enceinte du palais de justice envahie de forces de l'ordre, Arnaud n'angoisse pas.

— Là, je me sens bien. Il y a du bleu partout.

Christophe Molmy, l'ancien patron de la BRI, le groupe d'intervention qui a neutralisé les deux derniers terroristes ayant causé la mort de 90 personnes cette funeste nuit dans la salle de concert, se sait attendu quand il arrive à la barre.

En début d'audience, un avocat de partie civile a fait verser aux débats *Les Ombres du Bataclan*, un documentaire polémique diffusé par Arte en amont du procès. Le ministre de l'Intérieur de l'époque, Bernard Cazeneuve, a clamé sur Europe 1 sa « nausée » face à ce documentaire aux relents complotistes qui laisse entendre que la BRI a tardé à intervenir au Bataclan et que des morts auraient pu être évitées si une autre unité d'élite avait été saisie.

— Les propos sont presque indignes, on a l'impression qu'on a mis deux heures, lâche Christophe Molmy dans son costume bleu nuit et sa chemise bleu clair.

Pour clore la polémique sur les délais d'intervention, l'avocate générale Camille Hennetier, qui dirigeait la section anti-terroriste du parquet de Paris et était devant le Bataclan cette nuit-là, rappelle que le GIGN est arrivé à la caserne des Célestins à 23 h 15, puis à 23 h 43, et que le RAID est arrivé entre 23 heures et 23 h 45, « soit près d'une heure après la BRI… » Une information qu'oubliaient de préciser *Les Ombres du Bataclan*.

L'avocat qui a fait verser le documentaire aux débats en vient à une autre supposée révélation. Le témoignage d'un membre d'une brigade d'intervention (BI, à ne pas confondre avec la BRI) qui assurait que son état-major les avait empêchés, ses collègues et lui, de se rendre au Bataclan avant la BRI.

— Des membres de la BI ont fait part de leur regret de ne pas avoir eu l'autorisation d'intervenir plus tôt alors qu'ils étaient en capacité de le faire. Vous en pensez quoi ?

— Dans le reportage indigne auquel vous faites référence, rétorque Christophe Molmy, les membres de la BI disent qu'ils auraient pu intervenir dès 21 h 30 au Bataclan alors qu'il n'y avait pas encore eu les premiers coups de feu. Il faudrait qu'ils règlent leurs montres…

Les terroristes pénètrent en effet dans la salle de concert à 21 h 47.

L'avocat persiste :

— Les membres de la BI sont pourtant entraînés et ils étaient équipés puisqu'ils revenaient d'un entraînement…

— Ils revenaient d'un entraînement de varappe, à la tour Eiffel ! Ce n'est pas tout à fait le même équipement.

Des rires dans la salle.
— Donc tout s'est passé au mieux ?
— Si j'en crois le résultat, tout ne s'est pas si mal passé, maître.
Le commissaire Molmy souligne « le travail remarquable » de ses hommes, « ils ont tous été héroïques ce soir-là ».
— Je suis tout à fait d'accord, l'appuie l'avocate générale Hennetier.

III

Vendredi 8 avril 2022. Elle apparaît en ombre chinoise. Derrière un paravent, en visioconférence. Sa voix, déformée par un brouilleur, contribue à livrer un témoignage impersonnel. Loin de la force émotionnelle conférée à ceux livrés à la barre, en chair et en os. Si cette pratique tend, hélas, à se généraliser lors des procès jugeant d'actes de terrorisme, cette fois, personne ne songera à le lui reprocher. La justice et, plus généralement, la société doivent protéger la femme qui s'apprête à témoigner.

Quand le président Périès lui demande son état civil, Soraya dit avoir 48 ans, être « agent » (de quoi, on ne le saura pas) et donne pour domicile le siège de la direction centrale de la police judiciaire. Ces formalités passées, elle raconte de nouveau son histoire.

Une fois son témoignage achevé, son avocate fait remarquer qu'elle connaît Soraya « sous beaucoup de noms » et que celle-ci ne bénéficie pas de protection policière. Le statut inventé pour elle serait un « copier-coller du statut du repenti ». Ce qui, depuis sa visioconférence, fait réagir Soraya.

— J'en ai pleuré, j'ai tapé du poing sur la table. Je ne suis pas une repentie ! Je suis une citoyenne, une enfant de la République. J'ai fait mon devoir de citoyenne.

À la fin de son témoignage, le président Périès salue son « geste courageux » qui a « permis, semble-t-il, d'éviter d'autres attentats, madame ». Des parties civiles l'applaudissent. Puis la gréffière coupe la visioconférence. Sur les écrans, l'ombre chinoise de Soraya s'efface. Elle retourne dans l'obscurité.

IV

Mercredi 8 juin. Au premier des trois jours du réquisitoire-fleuve des avocats généraux se presse une délégation du Parquet national anti-terroriste (PNAT) venue soutenir et écouter ses collègues. Mais aussi un président de cour d'assises et des juges d'instruction.

Le moment est d'importance pour la justice anti-terroriste. Il s'agit de requérir, au nom de la société, dans le procès du pire attentat survenu sur notre sol depuis la Deuxième Guerre mondiale. Trois avocats généraux vont porter la voix de l'accusation, à tour de rôle, durant trois jours pour exposer les charges qui pèsent sur chacun des vingt accusés mais aussi pour condenser une enquête tentaculaire et exposer la substantifique moelle qu'ils ont extraite de neuf mois de débats entrecoupés de suspension pour cause de Covid.

Bien sûr, tout le monde s'attend à un préambule sur un procès historique concernant des faits tragiques à l'ampleur incomparable. C'est un passage obligé. Cela n'empêche pas la surprise et l'émotion lorsque retentissent les mots de Camille Hennetier.

— Que retiendra-t-on de cette audience ? Quelles images, quelles paroles resteront ? s'interroge la première avocate générale à s'exprimer.

— Votre verdict bien sûr, répond-elle à l'attention de la cour. Les noms des disparus, égrenés le 10 septembre dernier, selon cette invraisemblable, glaçante et tragique liste, et l'ultime hommage qui leur a été rendu lors des plaidoiries des avocats, les récits des victimes enfin, incontestablement.

Le 13 novembre 2015, Camille Hennetier était la cheffe de C1, la section anti-terroriste du parquet de Paris. À ce titre, elle a vu, elle a vécu cette nuit-là.

D'une voix douce, elle décrit « l'horreur des faits bruts et des scènes de crimes : des scènes de guerre en plein Paris, l'omniprésence du sang et de la poudre, le fracas des explosions qui disloquent les corps, la cruauté des terroristes qui tirent au coup par coup et achèvent certaines personnes avec délectation ». Et d'évoquer « le tombeau, l'enfer dantesque du Bataclan ».

Face à « l'expérience solitaire de l'imminence d'une mort certaine », celle qui est la numéro 2 du PNAT prend le soin de citer plusieurs victimes :

— La détermination et le courage hors normes de Clarisse, qui défonce le plafond d'une loge du Bataclan, et entraîne plusieurs personnes à sa suite ; d'Arnaud, qui rampe dans la fosse au milieu de cadavres pour sortir ; de Pierre-Sylvain, résolu à sortir avec Hélène ; de Gaëlle et Amandine, qui se sont accrochées à la vie et au regard d'un policier venu les sauver.

Une fois encore, la dernière sans doute, les quelque 2 500 parties civiles sont placées au centre du procès. L'avocate générale les oppose aux terroristes. Car au-delà de la colère, du désespoir des familles, de la culpabilité des rescapés, Camille Hennetier veut retenir la leçon adressée par ces victimes qui « nous ont aussi tendu un miroir inversé » :

— Celui de personnes ouvertes et tolérantes face au fanatisme et à l'obscurantisme : la bande de copains *les Charonnards*, la famille de la Belle Équipe, les habitués du Comptoir Voltaire, les amoureux du rock ; celui de la gaieté d'une soirée de foot, de concert, de verres entre copains, face au nihilisme djihadiste, [mais aussi] celui du courage des soldats et héros de la République, des policiers et primo-intervenants.

L'avocate générale voit là « l'éloge de la vie contre l'éloge de la mort », « celui de la beauté des mots face à la rhétorique simpliste d'un discours décousu ânonné *ad nauseam* » dans un résumé de ces mois d'audience où les témoignages bouleversants des uns ont cédé la place aux déclarations de certains accusés calquées sur la propagande de l'État islamique.

Cela posé, l'avocate générale cherche à définir ce procès à nul autre pareil.

— Le 8 septembre au matin avait un goût de saut dans l'inconnu. Un procès hors normes, historique, a-t-on beaucoup dit. Oui, mais aussi un procès normal. Ou plutôt, un procès normal pour des faits qui ne le sont pas.

Camille Hennetier insiste : l'audience a « ressemblé à beaucoup d'autres dans son déroulé ». Non sans se contredire quand elle évoque un procès « chargé de symboles et d'espérances peut-être parfois trop grandes pour lui ». C'est toute la difficulté de ce procès « normal » si peu ordinaire où un président de la République, un ministre de l'Intérieur, un procureur de la République et les patrons des services secrets sont venus témoigner. Alors Camille Hennetier prend soin de le ramener à sa juste mesure et de rappeler cette vérité valable pour toutes les audiences, toutes les affaires :

— Du procès ne jaillit pas toujours la vérité mais une vérité : la vérité judiciaire.

Sans permettre de comprendre la barbarie, la terreur, « seulement de s'en approcher un peu ». Selon la représentante du ministère public, « la justice rationalise l'irrationnel. Elle est un rempart à la colère. »

Deux jours plus tard, la magistrate et ses deux collègues vont requérir dix réclusions criminelles à perpétuité, cinq à l'encontre d'accusés présents dans le box, cinq autres pour les commanditaires, présumés décédés en Syrie. Camille Hennetier conclura ces trois jours de réquisitoire en expliquant que « le verdict ne guérira pas les blessures, ne ramènera pas les morts à la vie mais pourra assurer aux victimes que la justice et le droit auront le dernier mot ».

Un peu plus tôt dans l'après-midi, alors qu'un de ses collègues avait la parole, les lumières avaient décliné jusqu'à s'éteindre, premier incident technique de cet ordre en neuf mois d'audience. La lumière était revenue vite, et l'avocat général avait repris son propos en souriant pour dédramatiser. Mais le mal était fait, certains avaient imaginé le pire, replongé dans l'horreur. Une victime du 13 novembre a fait un malaise et a dû être prise en charge par les sapeurs-pompiers.

Vendredi soir, Camille Hennetier rappellera les mots d'une autre partie civile à la barre : « Le terrorisme, c'est la tranquillité impossible. »

Les attentats du 13 novembre ont fait 132 morts, 130 la nuit même et deux suicides depuis, dont un pendant le procès.

V

Mercredi 29 juin 2022, 20 heures. Au bout de dix mois de procès, la cour d'assises spécialement composée prononce deux réclusions criminelles à perpétuité pour des accusés dans le box et cinq pour les commanditaires présumés décédés en Syrie, quatre peines de trente années de réclusion et deux de dix-huit ans. Aucun des condamnés ne fera appel.

22 heures. Le procès terminé, le procès se poursuit. Aux Deux Palais, la brasserie en face du palais de justice, sur l'île de la Cité. Pour boire un dernier verre. Ou plusieurs derniers verres. Dans un mouvement spontané, tout le monde ou presque s'y retrouve. Les survivants, les endeuillés, les avocats, les journalistes. Pour échanger, pour évacuer. On refait le procès, on rit, on pleure. On se console.

La nuit est électrique aussi. Certaines victimes prennent très mal que les trois condamnés ressortis libres aient été invités par d'autres victimes à se joindre à ces agapes improvisées. Certaines victimes ne comprennent pas que les autres le prennent mal. Certains avocats de partie civile se tombent dans les bras, d'autres s'évitent. Certains avocats de la défense sont gênés de la présence des parties adverses, d'autres se mélangent. Au milieu de ce torrent de sentiments contradictoires, les journalistes, dont l'auteur de ces lignes, naviguent d'une table à l'autre, soulagés d'en avoir fini avec ce procès à nul autre pareil.

Les avocats généraux passent une tête. Ils restent dans leur coin, près de la porte, mais beaucoup viennent à eux. Pour les remercier ou poursuivre les débats. Ce sont les seuls fonctionnaires, les seuls « intervenants » à être présents.

Après avoir fait le déplacement à deux reprises pour témoigner de son enquête, la juge Panou est rentrée à Bruxelles où elle a fini par abandonner l'instruction. Désormais elle siège au tribunal correctionnel où elle traite de trafics de stupéfiants. « À titre tout à fait personnel, cela a été très dur parce qu'on a tous "mangé" de l'attentat tout le temps, confiera la pétulante magistrate. Ma vie n'a été orientée que par le dossier du 13 novembre pendant des années. »

Après le parquet de Paris, François Molins a terminé sa carrière comme procureur général près la Cour de cassation. Dans ses bagages, la fierté du travail accompli et « des mauvais rêves ». « La vision des scènes de crime ne sortira jamais de ma tête. Après, je mesure la zone de confort dans laquelle je suis. Je n'ai pas souffert dans ma chair, je n'ai pas perdu de proches. Donc j'essaie de ne pas trop parler de ça parce qu'il y a bien plus malheureux que moi dans cette histoire. »

Les 840 sapeurs-pompiers intervenus le 13 novembre sont passés devant un psychiatre, ont dû remplir un questionnaire.

Est-ce que vous avez des difficultés à dormir ? Est-ce que vous avez des cauchemars ?

« Et puis des questions qui ne semblent pas avoir de rapport. J'imagine que c'est fait à dessein », se souviendra leur ancien général, Philippe Boutinaud. Une vingtaine d'hommes ont été identifiés comme étant à risque, 11 étaient directement concernés par des décès dans leur entourage le 13 novembre. Un seul a été réformé à la suite de ces attentats. « Curieusement, les personnels les plus impressionnés sont ceux qui n'étaient pas présents sur les sites des attaques, s'étonnera le général

Boutinaud. Par exemple, les opérateurs qui avaient eu les victimes au téléphone. »

Kévin, le sapeur-pompier spectateur au Bataclan, a dû être amputé d'une jambe.

À la BRI, des rendez-vous avec un psychologue ont été proposés. Cela n'a pas été un succès. « Les mecs sont rétifs à montrer ce qu'ils considèrent comme des faiblesses, expliquera l'un d'eux. Pourtant, certains d'entre nous n'en sont pas revenus, du Bataclan. Ils en parlent tout le temps, s'entraînent tout le temps. Pour être prêts si ça recommence. » Quelques opérateurs ont tout de même été consulter un psy mais en dehors du service, discrètement. Celui qui avait été blessé à l'HyperCacher et avait demandé à ne pas être dans la colonne qui montait à l'assaut des terroristes retranchés au premier étage du Bataclan a été exclu par le reste du groupe. « On ne veut plus de lui, il n'est pas stable. Il va nous mettre en danger », se sont plaints à leur hiérarchie ses collègues.

Huit mois avant la co-nclusion aux Deux Palais, des policiers de la BAC-N ont témoigné à la barre de leur frustration. Ils ne figurent pas au générique de cette nuit d'horreur, l'histoire officielle n'a pas retenu leur intervention à l'intérieur du Bataclan, à secourir les blessés. Aucun d'eux n'a été convié à la cérémonie d'hommage aux victimes, dans la cour des Invalides, le 27 novembre 2015, où membres de la BRI, sapeurs-pompiers et militaires se tenaient au garde à vous. « C'était comme si nous n'avions rien fait, comme si nous n'existions pas », regrettera un ancien du service interrogé par *Le Monde*[1]. « Quand j'ai dit à ma compagne de l'époque ce que j'avais fait, elle n'a pas voulu

1. Antoine Albertini, « Attentats du 13-Novembre : les policiers de la BAC75N, premiers à entrer dans le Bataclan et héros "oubliés" de l'assaut », *Le Monde*, 17 septembre 2021.

me croire, témoignera l'un d'eux au procès. J'avais beau lui expliquer, elle ne m'a jamais cru. À cela s'ajoutaient les retours des collègues qui nous traitaient de mythos... »

Pourtant eux aussi sont traumatisés. Emmanuel, le baqueux qui s'était occupée d'une femme à la joue arrachée, évacuera sa rage les jours suivants l'attentat dans une application musclée de l'état d'urgence alors décrété par le gouvernement. « Quand vous voyez ça, dans cette salle, vous y laissez une partie de vous-même. Les perquisitions administratives ont été un exutoire. C'était plus physique que d'habitude. J'avais une immense colère en moi », avouera-t-il à la barre.

Restés dans l'ombre pour leur propre sécurité, leur supérieur Guillaume et son chauffeur Grégory ont reçu eux la Légion d'honneur. Une semaine après la tuerie, le commissaire a appelé le jeune homme tenu en joue par le terroriste sur la scène du Bataclan. « Il avait cru que j'avais été emporté par le souffle de l'explosion, dira cet étudiant âgé à l'époque de 21 ans. Nous nous sommes rencontrés. Et je tiens à dire que cette rencontre a été fondamentale dans mon processus de reconstruction. [...] Il a été non seulement un sauveur pendant l'attentat mais aussi pour l'après. »

Dans l'autre sens, le commissaire, qui durant trois mois a « rêvé du Bataclan » toutes les nuits, va recevoir des courriers des victimes, parfois des photos les montrant sur leur lit d'hôpital. « Elles nous remercient, et nous disent que si elles sont encore vivantes aujourd'hui, c'est grâce à nous. Pouvoir mettre des visages ou des noms sur toutes ces personnes nous a fait du bien. »

Grégory, le brigadier qui l'accompagnait, parlera lui d'un « trou noir » à propos de cette funeste nuit. « Ce n'est pas compliqué : je suis resté quatre heures dans le Bataclan, à manipuler notamment des corps, mais il me reste une dizaine de minutes de souvenirs de toute cette période. Le cerveau a complètement “zappé” tout ce qui s'est passé. [...] Ce qui reste, je vis avec. » Des années plus tard, il pense toujours à cette intervention dont ses souvenirs sont lacunaires, sauf un : ce jour-là, il devait fêter l'anniversaire de son fils.

En 2017, l'officier de liaison en Grèce Dimitri Zoulas est rentré à Paris pour devenir conseiller au sein du cabinet du ministre de l'Intérieur. Au bout d'un an et demi d'exercice et peu après la démission surprise du ministre Gérard Collomb, le commissaire proactif a réintégré la direction de la coopération internationale. Il est désormais attaché « régional » de sécurité intérieure. Outre la Grèce, il est le coordinateur pour l'ensemble de la zone des Balkans.

Depuis la neutralisation d'Abaaoud, la SDAT a connu une perte d'attractivité. En 2018 par exemple, 30 fonctionnaires l'intégraient et 41 la quittaient. En janvier 2019, la SDAT comptait 48 postes non pourvus. Sur ces mêmes années, la centaine de fonctionnaires composant l'effectif accumulait plus de 35 000 heures supplémentaires. « Les gens sont rincés, reconnaîtra leur ancien patron Philippe Chadrys. Et puis c'est un personnel qui a été exposé à des actes violents, bien sûr les scènes de crime, mais aussi les vidéos de décapitation. Cela a un impact, il ne faut pas se leurrer. Certains ont quitté le service parce que cela devenait trop compliqué pour eux. » Promu n° 2 de la direction centrale de la police judiciaire française, Philippe Chadrys dira qu'au sein de la SDAT « il y avait ceux qui ont connu les attentats du 13 novembre et les autres ». « Vous avez de gros moments de fatigue, des moments d'abattement, de découragement, mais il faut continuer. Le plus difficile à vivre, peut-être, c'est cette appréhension permanente de rater quelque chose. À titre personnel, c'est la période la plus intense que j'ai vécue en trente années de PJ. Cette intensité, je ne peux pas la décrire... »

Dans les étages supérieurs à Levallois-Perret, de nombreux collègues de la DGSI ont demandé aussi à changer d'affectation. « Travailler sur ce genre de dossiers ne peut qu'abîmer », reconnaîtra le commissaire divisionnaire SI 562. Il occupe lui-même un nouveau poste, éreinté par la matière et le stress engendré. Une légende urbaine au sein de la DGSI évoque un fax qui aurait été maltraité et des chaises qui auraient pu voler lors de moments de particulières tensions. On doit surtout à sa persévérance d'avoir empêché le prochain 13 novembre que l'État islamique planifiait à la fin de l'année 2016[1].

Quant à Julien, le patron de la cellule Allât qui s'était rendu au Bataclan pour épauler Fabrice, son collègue ami d'enfance, il aura le droit durant les jours suivant la tuerie à un défilé dans son bureau.

— Patron, on sait ce que vous avez fait… Franchement, on est fier de vous.

Il ne comprend pas.

Cette nuit-là, comme dans tous les services concernés, il y avait une main courante de crise à la DGSI, et dessus quelqu'un a marqué que le commissaire Julien et son chauffeur (en fait un officier de la DRPP) sont partis au Bataclan. Quand les médias révèlent l'action héroïque d'un commissaire et de son chauffeur, leur appartenance à la BAC-N n'est pas précisée dans un premier temps. Aussi, dans les couloirs de la DGSI, va se répandre la rumeur de ce taulier d'Allât qui aurait au péril de sa vie tué un terroriste…

Quelques semaines plus tard, lors du pot de départ de son copain d'enfance, Julien ramènera à sa juste mesure son rôle dans cette soirée tragique. La seule arme dont il s'est servi, c'était sa brème, sa carte de police, qui lui a permis de franchir tous les

1. L'affaire Ulysse racontée dans mon précédent livre, *Les Espions de la terreur*, HarperCollins, 2018.

barrages pour rejoindre son ami. C'est bien la première fois, rira-t-il, que cette carte lui aura servi à quelque chose, lui le commissaire qui sortait peu de l'immeuble sécurisé de Levallois.

Après avoir demandé un arrêt maladie à son médecin – « J'étais au Bataclan... », lui a-t-il expliqué – Fabrice, le capitaine qui cherchait sa femme enceinte restée coincée dans la salle de concert, a quitté Levallois. À l'heure où ces lignes sont écrites, Fabrice travaille toujours à la DGSI mais en province. Sa compagne a accouché de la petite fille qu'elle portait le vendredi 13 novembre. Si l'enfant va beaucoup mieux maintenant, durant ses premières années, elle se montrait très craintive, collée à ses parents, sans doute l'angoisse ressentie durant ces heures de novembre, ont expliqué les médecins.

Personne n'est revenu indemne de cette nuit-là.

Postface

Le soir du verdict au procès V13, promis, juré, j'en avais enfin fini avec le djihad et les attentats du 13 novembre, criais-je à qui voulait l'entendre. Et puis pour une mauvaise raison – accompagner la diffusion d'une série télé adaptée de mon précédent livre –, j'ai parlé à mes éditrices de toute la matière accumulée ces dernières années. Il était hors de question de faire *Les Espions de la terreur* numéro 2, c'était la même histoire, les mêmes terroristes, la même temporalité. Pas envie non plus d'ajouter un nouveau livre sur le procès. Il y en a eu suffisamment.

Alors s'est imposée à moi la nécessité de m'emparer de l'attentat lui-même. Jusqu'ici, j'avais écrit sur ce qui avait conduit au 13 et sur ses conséquences. Mais j'avais toujours évité le crime en lui-même. Trop de morts, trop de malheurs à raconter. Et puis trop de souvenirs au Bataclan, sur les terrasses du 10e. Cet attentat-là, je ne parviens pas à le mettre à distance.

Une autre raison aussi : j'avais reconstitué les attentats de janvier 2015 dans mon livre *Femmes de djihadistes*, celui de l'école Ozar Hatorah de Toulouse pour un article de *Mediapart*. Cela abîme. Alors, au moment où se profilait V13, j'avais demandé à ma rédaction le droit de me faire porter pâle lors des cinq semaines consacrées aux parties civiles. Pour ne pas avoir à vivre leurs incommensurables douleurs. À deux exceptions près. Je voulais me confronter à la haine sans bornes d'un père pour les assassins de sa fille unique. Et découvrir l'histoire de ce commissaire de police devenu paraplégique. Mais les autres, tous les autres, je les fuyais. Par lâcheté.

Et pourtant je suis convaincu de la nécessité de reconstituer cette tuerie de masse minute par minute, pour répéter encore et encore son horreur, sa sauvagerie, sa bêtise. Et j'avais la prétention d'avoir quelque chose à en dire. Alors, après avoir évité autant que faire se peut les sujets djihadistes durant une année, je suis retourné à cette nuit du 13.

Toujours pas du côté des victimes. Qu'elles me pardonnent. J'ai choisi de rester au bord du précipice. Raconter l'attentat à travers le regard des intervenants. Pour me préserver mais aussi parce que c'est souvent un angle mort de la presse en général et de mon travail en particulier : les dégâts causés par le crime sur les fonctionnaires chargés d'y remédier. Avec un souci : ne pas faire de ces hommes et de ces femmes des héros (tous n'ont pas eu un comportement héroïque, loin de là). Mais les montrer avec leurs forces, leurs faiblesses, exerçant leur travail dans ces conditions hors du commun. J'espère y être arrivé. Tout comme j'espère avoir restitué le chaos de cette nuit. Quoi qu'il en soit, cette fois, j'en ai fini avec le vendredi 13.

Les sources

Le récit des événements qui se sont déroulés cette nuit-là et de l'enquête qui s'est en suivie a pu être reconstitué à partir des 46 919 procès-verbaux qui composent les 542 tomes du dossier d'instruction dédié aux attentats du 13 novembre, ainsi que les comptes rendus des auditions de la commission d'enquête parlementaire relative aux moyens mis en œuvre par l'État pour lutter contre le terrorisme depuis le 7 janvier 2015.

Cela a été complété avec certains livres et articles de presse consacrés au procès dit V13. Cet ouvrage s'est nourri bien sûr de ma propre couverture dudit procès pour le compte de mon journal, *Mediapart*.

Les paragraphes relatant la fusillade de la rue du Dries à Forest ainsi que l'arrestation de Salah Abdeslam sont tirés de mon précédent livre, *Les Espions de la terreur* (HarperCollins, 2018).

Enfin, j'ai réalisé une vingtaine d'entretiens conduits auprès de magistrats, officiers de renseignement de la DGSE et de la DGSI, policiers, sapeurs-pompiers et de victimes.

La multiplicité des sources, si elle réduit considérablement le risque d'erreur, ne garantit pas qu'ici ou là ne s'en soient pas glissées une ou deux. Si c'est le cas, je m'en excuse.

Comptes rendus de la commission d'enquête parlementaire

Audition de Patrice Paoli, directeur de la cellule interministérielle d'aide aux victimes, 7 mars 2016.

Audition de Bernard Cazeneuve, ministre de l'Intérieur, 7 mars 2016.

Audition de Jean-Michel Fauvergue, chef du RAID, 9 mars 2016.

Audition de Philippe Chadrys, chef de la SDAT, 9 mars 2016.

Audition de Christophe Molmy, chef de la BRI, 10 mars 2016.

Audition de militaires mobilisés dans le cadre de l'opération *Sentinelle* le 13 novembre 2015, 14 mars 2016.

Audition de policiers intervenus lors des attentats du 13 novembre 2015, 14 mars 2016.

Table ronde consacrée à la prise en charge des victimes des attentats de l'année 2015 : avec notamment le général Philippe Boutinaud, commandant la brigade de sapeurs-pompiers de Paris, le professeur Jean-Pierre Tourtier, médecin chef de la BSPP, et le professeur Pierre Carli, directeur médical du SAMU de Paris, 16 mars 2016.

Audition du professeur Bertrand Ludes, directeur de l'institut médico-légal de Paris, 16 mars 2016.

Table ronde consacrée à la sécurité au Stade de France : avec notamment, pour le Consortium Stade de France, Christophe Bionne, directeur de la sécurité et de la sûreté, 16 mars 2016.

Audition du commissaire divisionnaire de la BAC-N et du brigadier, son chauffeur, 17 mars 2016.

Audition de fonctionnaires de la BAC de nuit du Val-de-Marne intervenus le 13 novembre, 21 mars 2016.

Audition du général Bruno Le Ray, gouverneur militaire de Paris, 21 mars 2016.

Audition de Michel Cadot, préfet de police de Paris, Christian Sainte, directeur de la police judiciaire à Paris, Jacques Méric, directeur de la sécurité de proximité de l'agglomération parisienne, et du général Philippe Boutinaud, commandant la brigade de sapeurs-pompiers de Paris, 23 mars 2016.

Audition de François Molins, procureur de la République près le tribunal de grande instance de Paris, 30 mars 2016.

Audition de Jean-Jacques Colombi, chef de la division des relations internationales à la direction centrale de la police judiciaire, 9 mai 2016.

Audition de Bernard Bajolet, directeur de la DGSE, 25 mai 2016.

Audition de Bernard Cazeneuve, ministre de l'Intérieur, 2 juin 2016.

Rapport de la commission d'enquête parlementaire relative aux moyens mis en œuvre par l'État pour lutter contre le terrorisme depuis le 7 janvier 2015, Sébastien Pietrasanta, 5 juillet 2016.

Articles de presse

Karl Laske, « On n'est pas sur une scène de crime, c'est une scène de guerre », *Mediapart*, 17 septembre 2021.

Karl Laske, « Je n'ai jamais accepté d'être une victime », *Mediapart*, 30 septembre 2021.

Karl Laske, « Dès que quelqu'un essaie de fuir, il se fait descendre », *Mediapart*, 13 octobre 2021.

Soren Seelow, « Le récit des otages du Bataclan : "Y a un gars armé qui va entrer. Fais ce qu'il te dit et ne tente rien, ça va aller" », *Le Monde*, 20 octobre 2021.

Karl Laske, « Mais on est vivants, on est vivants ! », *Mediapart*, 20 octobre 2021.

Soren Seelow, « "On a dû choisir entre qui allait vivre ou mourir" : au procès du 13-Novembre, le récit de l'évacuation des blessés du Bataclan », *Le Monde*, 29 octobre 2021.

Zoé Lauwereys, « "Ce n'est pas facile de tuer des gens", ce que deux accusés ont dit aux enquêteurs autrichiens », *Le Parisien*, 24 novembre 2021.

Sylvie Caster, « Ce n'est pas facile de tuer », *Charlie Hebdo*, 1er décembre 2021.

Articles de l'auteur

« La vérité sur l'assaut du Raid », *Mediapart*, 3 février 2016.

« Au procès des attentats de janvier 2015, les regrets de l'agent SI 562 », *Mediapart*, 27 septembre 2020.

« Vendredi 13 : et la ville passa de la lumière aux ténèbres », *Mediapart*, 1er septembre 2021.

« Leçons, ratés, angoisses… Le 13-Novembre vu par François Molins, la "voix des attentats" », *Mediapart*, 5 septembre 2021.

« Salah Abdeslam : "J'ai laissé toute profession pour devenir combattant de l'État islamique" », *Mediapart*, 8 septembre 2021.

« Les dessous d'une enquête franco-belge "totale" », *Mediapart*, 15 septembre 2021.

« Au procès des attentats du 13-Novembre, à l'intérieur de l'horreur », *Mediapart*, 19 septembre 2021.

« Les "héros" du Bataclan sur la défensive », *Mediapart*, 23 septembre 2021.

« Dans la tête des flics du Bataclan », *Mediapart*, 26 septembre 2021.

« Le commissaire, les douleurs neuropathiques et les "pleurnichards" », *Mediapart*, 12 octobre 2021.

« Philippe Boutinaud : "Les pompiers s'entraînent matin et soir pour limiter les morts évitables" », *Mediapart*, 28 octobre 2021.

« Le président de la République et le terroriste », *Mediapart*, 11 novembre 2021.

« L'ancien chef du renseignement extérieur passe à table », *Mediapart*, 17 novembre 2021.

« Philippe Chadrys : "Sur 17 897 appels téléphoniques, trois se sont avérés décisifs pour l'enquête" », *Mediapart*, 12 décembre 2021.

« Là aussi de nombreux corps… », *Mediapart*, 2 avril 2022.

« Et soudain une bénévole des Restos du cœur empêcha un attentat », *Mediapart*, 9 avril 2022.

« Les confidences du commissaire des services secrets en charge des attentats du 13-Novembre », *Mediapart*, 15 mai 2022.

« La fin d'un procès qui s'est voulu aussi "normal" que possible », *Mediapart*, 10 juin 2022.

« L'accusation requiert perpétuité pour les morts et les vivants », *Mediapart*, 11 juin 2022.

« La juge belge qui a arrêté les terroristes du 13-Novembre se confie », *Mediapart*, 13 novembre 2022.

Bibliographie

Sonia avec Claire Andrieux, *Témoin*, éditions Robert Laffont, 2016.

Laura Nattiez avec Denis Peschanski et Cécile Hochard, *13 novembre, Des témoignages, un récit*, éditions Odile Jacob, 2020.

Soren Seelow, Kévin Jackson, Nicolas Otero, *La cellule*, Les Arènes BD, 2021.

Sylvie Caster, Lorraine Redaud, Xavier Thomann, Emmanuel Prost, Corentin Rouge, Benoît Springer, *13 novembre 2015, le procès*, hors-série *Charlie Hebdo*, 2022.

Emmanuel Carrère, *V13*, P.O.L. éditeur, 2022.

Remerciements

À tous les acteurs, magistrats, avocats, parties civiles, journalistes avec qui nous avons traversé cette odyssée immobile que l'on a appelée le procès V13.

À mes chefs Fabrice Arfi et Michaël Hajdenberg, à mon collègue Karl Laske, avec lesquels nous avons pensé puis assuré notre couverture du procès. À *Mediapart* qui nous offre des conditions de travail qui obligent.

À mes éditrices Caroline Lamoulie et Pascaline Giboz qui ont conduit ma réflexion jusqu'à ce livre. À toute l'équipe de HarperCollins.

À Aurélia Gilbert et David Fritz-Goeppinger qui ont relu certains chapitres, y ont apporté leurs éclairages avisés et m'ont évité d'écrire quelques grosses bêtises. S'il reste des erreurs, elles ne peuvent être que de mon fait.

Comme à chaque fois, merci à toutes celles et tous ceux qui restent en marge de ces pages, magistrats, policiers, officiers de renseignement, anciens des services, qui ont pris le temps et le risque de me parler. À ces sources de l'ombre sans qui je ne suis rien.

À ma femme, à mes enfants qui subissent, contraints, mes humeurs et ma présence si lointaine.

Composé et édité par HarperCollins France.

Achevé d'imprimer en septembre 2023.

FIRMIN-DIDOT

à Mesnil-sur-l'Estrée (Eure)

Dépôt légal : octobre 2023.

Pour limiter l'empreinte environnementale de ses livres, HarperCollins France s'engage à n'utiliser que du papier fabriqué à partir de bois provenant de forêts gérées durablement et de manière responsable.

Imprimé en France